비화가야

非
火
加
耶

진인진

자료 제공

가야문화재연구원 | 국립가야문화재연구소 | 국립경주박물관 | 국립김해박물관
국립문화재연구소 | 국립중앙박물관 | 경남발전연구원 | 경상북도문화재연구원
두류문화재연구원 | 동서문물연구원 | 東京國立博物館 | 복천박물관
우리문화재연구원 | 영남대학교박물관 | 창녕박물관 | 창원대학교박물관

곽동철 | 김도영 | 김대욱 | 김주란 | 김주용 | 김옥순 | 김혁중 | 김형곤 | 고민정
박장호 | 신영애 | 심현철 | 안성현 | 이한상 | 이춘선 | 장상갑 | 정인태 | 정　진
정주희 | 조경화 | 하승철

비화가야

초판 1쇄 발행 | 2019년 10월 31일

저　자 | 박천수
편　집 | 배원일
발행인 | 김태진
발행처 | 진인진
등　록 | 제25100-2005-000003호
주　소 | 경기도 과천시 별양상가 1로 18 614호(별양동 과천오피스텔)
전　화 | 02-507-3077-8
팩　스 | 02-507-3079
홈페이지 | http://www.zininzin.co.kr
이메일 | pub@zininzin.co.kr

ⓒ 진인진 2019
ISBN 978-89-6347-424-3 93900

非火加耶

목차

새로 보는 가야각국사 총서를 집필하며 …………………………………… 5

Ⅰ. 연구사의 검토와 본서의 목적 ……………………………………………… 7

Ⅱ. 편년 …………………………………………………………………………… 21
   1. 상대편년 …………………………………………………………………… 21
   2. 역연대 ……………………………………………………………………… 26

Ⅲ. 역사지리적 환경 …………………………………………………………… 31

Ⅳ. 유적 …………………………………………………………………………… 41
   1. 남부 ………………………………………………………………………… 41
   2. 북부 ………………………………………………………………………… 79

Ⅴ. 유물 ………………………………………………………………………… 131
   1. 토기 ……………………………………………………………………… 131
   2. 장신구 …………………………………………………………………… 136
   3. 무기 ……………………………………………………………………… 149
   4. 무구 ……………………………………………………………………… 156
   5. 마구 ……………………………………………………………………… 159
   6. 청동용기 ………………………………………………………………… 164

7. 철정 ··· 166
8. 농공구 ··· 169

Ⅵ. 비화가야사의 전개 ·· 173
1. 비화가야의 대외교류와 발전배경 ··· 173
2. 비화가야의 구조와 변천 ·· 198

Ⅶ. 맺음말 ··· 205

참고문헌 ··· 211

후기 ··· 231

非火加耶

새로 보는 가야각국사 총서를 집필하며

가야는 고대 한반도 동남부에 위치하였던 나라이며, 통일된 고대국가체제를 완성하지 못했다. 그래서 가야사는 『삼국사기』에 일국사로 기록되지 못하였기 때문에 그 내용이 잘 알려지지 않았다.

가야사 연구는 다른 삼국에 비해 매우 부진하며 또한 문헌사학에 의해 주도되어왔다. 문헌사학의 가야사 연구의 문제점은 고고학의 연구 성과를 무시하고, 오로지 문헌사료에 의해 역사해석이 가능하다는 우월주의와 신라사와 백제사의 입장에서 일방적으로 가야사를 설명하는 편향성을 들 수 있다.

고고학에서는 유적 유물을 도외시하고 문헌사료에 의거하거나, 반대로 오로지 고고자료에만 의거하여 논지를 전개하는 문제점이 노정되었다. 그 대표적인 예가 창녕의 비화가야를 둘려 싼 논쟁이다.

필자는 역사고고학 연구에 있어서 고고자료와 문헌사료를 정합整合적으로 보는 관점이 필요하다는 입장이며, 이러한 관점에 의한 연구작업을 진행해왔다.

필자는 이러한 문제점을 인식하고 가야 각국별로 진행되어온 개별 연구를 종합하여 가야 전체를 통관通觀하며 새롭게 재구성한 『가야문명사』를 2018년 출간하였다.

그런데 주지하듯이 가야는 영호남지방의 산간분지와 남해안일대와 같은 다양한 지리적 조건을 가진 지역에서 여러 정치체들이 병립하였다. 이러한 가야의 역사지리적 다양성과 편차는 가야사를 지역적 관점에서 보는 것이 중요함을 일깨워준다.

필자는 가야 각국의 풍부한 발굴자료를 통하여 가야사를 새롭게 조명하고자 한다. 간행 순서는 가장 논의가 필요하다고 생각되는 비화가야사를 필두로 자료가 축적된 합천의 다라국, 김해 금관가야, 함안 아라가야, 고성 소가야, 고령 대가야의 순으로 간행하고자 한다.

　가야각국사 편찬 작업을 통해 가야 역사와 문명에 대한 정당한 평가가 이루어지고, 나아가 우리나라 고대국가 성립시기가 사국시대였음이 밝혀지기를 기대한다.

2019년 10월 복현동산에서
박천수

非火加耶

I. 연구사의 검토와 본서의 목적

창녕지역의 교동고분군은 화왕산 산록의 100여 기를 넘는 고총으로 구성되어 일대 장관을 이루고 있다. 이 고분군은 대가야의 지산동고분군, 아라가야의 말이산고분군에 필적하는 대 고분군으로 일찍이 일제강점기때부터 주목받았다.

그런데 1918년과 1919년에 걸쳐서 야쓰이 세이이쓰谷井濟一가 교동5호분, 6호분, 7호분, 8호분, 89호분, 10호분, 11호분, 12호분, 91호분을 조사하였는데, 7호분과 89호분과 같은 대형분이 포함되고 가야지역고분군 가운데 가장 수가 많은 것이 주목된다. 또한 야쓰이 세이이쓰는 도쿄제국대학 학부 수업에서 신공神功왕후 신라정벌과 임나일본부를 학습한 후, 이를 실재한 것으로 믿고 증명하려고 노력한 인물이다(정인성 2018: 12-13).

이 지역은 『일본서기』 신공神功 49년조 즉 369년 가라 7국 기사에는 비자발比自㶱, 남가라南加羅, 탁국㖨國, 안라安羅, 다라多羅, 탁순卓淳, 가라加羅 가운데 비자발로 비정된다. 따라서 야쓰이 세이이쓰를 비롯한 일본 관학자들이 임나일본부를 증명하기 위해 창녕지역을 조사한 것을 알 수 있다.

창녕지역은 삼국시대에는 앞에서 언급한 바와 같이 비자발 또는 비사벌比斯伐로 불리었다. 그간 이 지역은 4세기 말 또는 5세기 전엽에 신라에 복속되었다는 견해가 주류를 형성하여 왔다(이희준 1998; 김용성 2009; 주보돈 2009; 하승철 2012). 한편, 필자는 일찍부터 창녕지역에 주목하여 1990년이래 이 지역이 5세기까지 가야에 속하는 것으로 주장해왔으며, 최근 자설自說을 보강하였다(박천수 1990; 2003; 2010; 2018; 2019).

필자는 삼국시대 창녕지역 정치체의 명칭을 일반적으로 통용되고 있

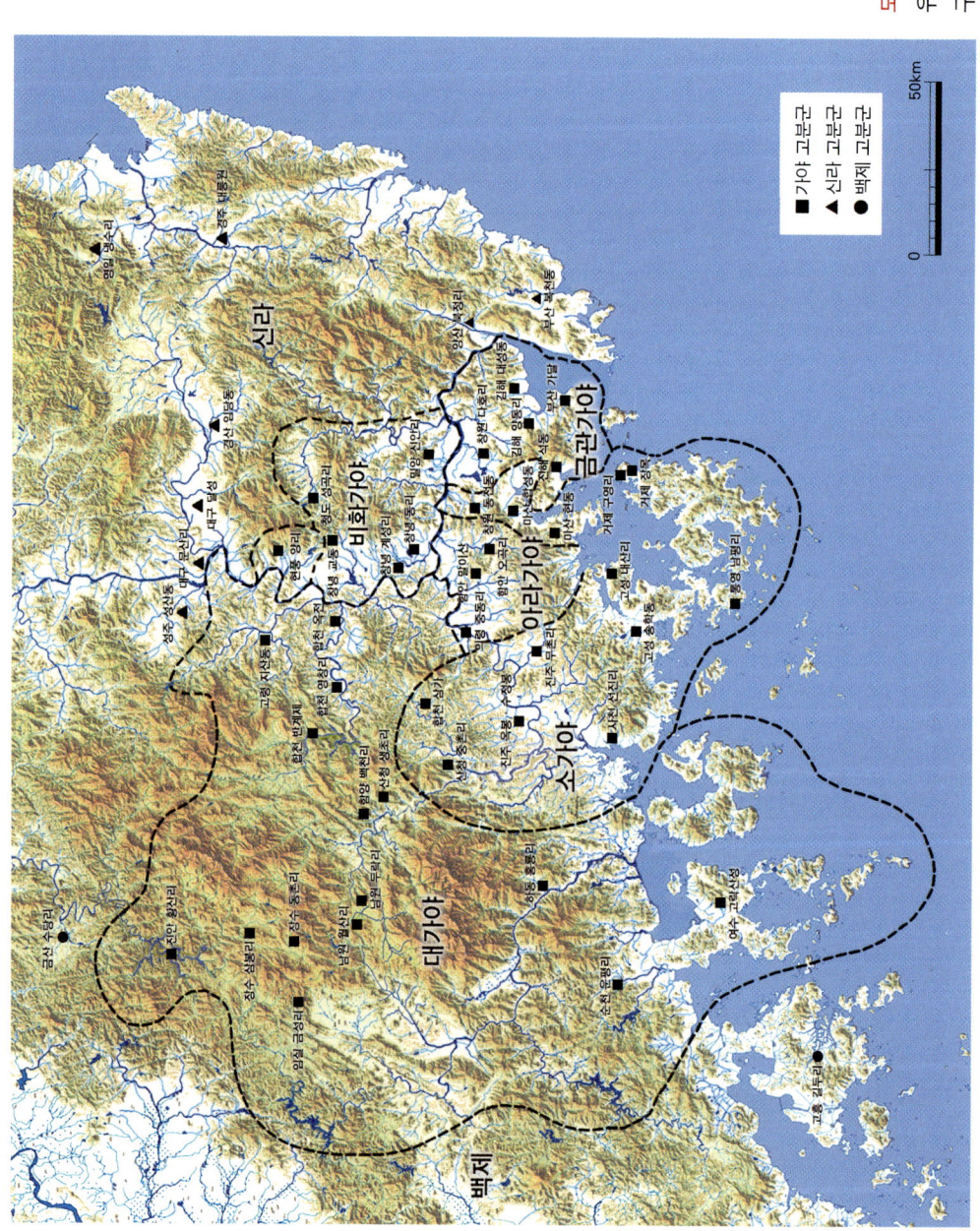

도 I-1 가야의 유적으로 본 지역 구분(5세기 후엽)

는 대가야, 소가야, 아라가야, 금관가야와 같이 비화가야로 호칭하고자 한다(도 I-1). 가야로서의 정체성이 분명하지 않은 비사벌이라는 명칭은 역사적 의미가 제대로 담겨있지 않다고 생각하기 때문이다

비화가야의 범위는 자연지형, 고분과 토기양식의 분포로 볼 때, 서쪽과 남쪽은 낙동강에 접하고, 동쪽은 산지를 넘어 청도군 이서지역을 포함한다. 북쪽은 현풍지역을 관류하여 차천과 우포늪을 거쳐 낙동강에 합류하는 토평천의 분수계를 이루는 현풍 정녕리와 창녕 십이리 일대의 현재 경상남도와 경상북도의 도계道界를 형성하는 나지막한 산지를 그 경계로 한다.

창녕지역에 대한 본격적인 고고학 연구는 해방 전 1918년과 1919년에 걸쳐서 야쓰이 세이이쓰가 조사한 교동고분군 자료를 정리한 아나자와 와코穴澤咊光·마노메 쥰이치馬目順一(1975: 23-75)에 의해 개시되었다. 그들은 교동고분군을 7호분을 주분으로 하는 A군과 89호분을 주분으로 하는 B군으로 나누고, 각각의 주분은 수기의 배총陪塚을 보유하고 있는 것으로 파악하였다. 또 출토 유물의 연대가 5세기 후엽에서 6세기 전엽이며 그 계통을 신라계로 보았다. 두 사람의 보고로 해방전 조사된 교동고분군의 내용이 어느 정도 밝혀지게 되었다.

최종규는 5세기 이후에도 낙동강동안에 가야가 존재한다는 주장에 의문을 제기하였다. 그리고 창녕 교동116호, 89호분 토기와 경주지역 토기의 유사성을 지적하면서 창녕지역 토기를 신라양식 토기 범주에 포함시켰다. 또한 5세기 초두에 경주지역에서 무구, 마구, 금속공예품이 제작되어 창녕지역으로 이입되었다고 보고, 5세기 중엽 창녕토기를 신라양식 토기로 파악하였다. 그리고 창녕지역 집단의 성격을 신라연맹체에 속하는 하나의 단위집단으로 규정하였다(최종규 1983: 71-73). 이 연구는 기존 가야토기 낙동강동안군 설정에 대한 문제 제기는 타당하지만, 창녕지역의 신라화가 5세기 초에 급격하게 진행되었다는 근거가 충분히 제시되었다고 볼 수 없다.

신경철은 5세기 이후의 가야를 친신라계가야와 비신라계가야로 양분하고 창녕을 비롯한 부산, 김해, 대구, 성주 지역의 집단은 친신라계가야에

도 I-2 창녕 교동고분군

속한다고 보았다. 이 가운데에서 창녕과 성주의 5세기 후반 토기는 양식상으로는 신라토기의 범주에 들어가는 것이 분명하지만 형식적으로는 같은 시기 경주지역 토기와 뚜렷한 차이가 있다고 하였다. 즉 5세기 후반 부산, 김해지역의 토기는 경주지역 토기와 뚜렷히 구별되는 형식이 인정되지 않는데 비해, 창녕과 성주지역 토기는 창녕식토기로 설정될 수 있을 만큼 같은 시기 경주지역 토기와는 명백한 형식차가 인정된다고 하였다. 이와 같은 현상은 창녕과 성주가 5세기 이후 신라권으로 편입되었음에도 불구하고 부산, 김해지역보다 더 많은 자치권이 허용된 것에 기인한다고 하였다 (신경철 1989: 424). 이 연구는 낙동강 이동지역의 신라화 과정이 일률적이지 않은 점을 지적한 점은 높이 평가되지만, 친신라계가야와 같이 모호한 개념을 제시한 점이 문제라 할 수 있다.

필자는 4~6세기의 창녕지역 토기를 7단계로 편년하고, 양식과 분포를 분석하여 창녕지역 집단의 성격과 그 변화를 밝히려 하였다. 먼저 토기 양식을 근거로 창녕지역이 4세기에서 5세기 전엽까지는 가야에 속했던 것으로 파악하였다. 그리고 5세기 중엽~6세기 전엽의 이 지역 토기양식을 신라, 가야양식을 절충한 복합양식으로 설정하였다. 나아가 이 시기 창녕지역집단의 성격은 토기의 양식이 복합적이고 또한 교류가 신라·가야의 양

대 세력에 걸쳐서 이루어진 것으로 파악하여, 기존의 견해처럼 단순히 이 집단을 신라 또는 가야세력에 속한다고 볼 수 없다고 주장하였다(박천수 1990). 이 연구는 발굴자료가 부족한 시점에도 불구하고 통시적인 관점에서 창녕지역 집단의 변천과정을 파악하고자 하였으나, 창녕 지역의 독자성을 지나치게 강조하고 주변지역과 관계사적인 측면에서 접근하지 못한 점이 한계점이라 할 수 있다.

이영식은 『일본서기』계체繼體기 23년조 즉 529년 신라 이사부의 4촌 초략 기사에 보이는 다다라多多羅, 수나라須那羅, 화다和多, 비지費智 가운데 비지를 창녕지역으로 보고, 이 시기 이전에는 비지, 즉 비화가야가 멸망하지 않은 것으로 보았다(이영식 1994). 그러나 이사부의 4촌 공략 기사는 다다라 등으로 볼 때 고 김해만 주변에서 벌어진 사건으로 보는 것이 일반적이며, 따라서 이 기사에 나오는 비지는 창녕지역으로 보기 어렵다.

정징원·홍보식은 5세기 제2/4분기 창녕형 토기 양식의 성립을 비화가야의 형성을 나타내는 것으로 보았다. 또 신라형 위세품을 동반한 대형 봉토분이 출현하고 창녕지역산 토기가 확산되는 5세기 제3/4분기를 비화가야가 가장 발전하는 시기이면서도, 신라의 영향력이 미치는 시기로 파악하였다. 그리고 5세기 제4/4분기가 되면, 중심고분군이 계남리에서 교동으로 이동하는 가운데 신라토기의 영향이 나타나고, 6세기 제1/4분기 창녕양식토기가 소멸되고 신라 토기화가 되는 것을 비화가야의 해체로 보았다(정징원·홍보식 1995). 이 연구는 계남리고분군과 교동고분군의 구조, 축조시기의 분석을 통하여 창녕지역내 중심지의 이동 가능성을 지적한 점이 주목되지만, 그 기저에 깔린 연대관과 신라의 영향력이 미치는 시기를 비화가야가 가장 발전하는 시기로 파악한 것은 문제점으로 지적된다.

이희준은 삼국시대 창녕지역 정치체의 범위를 교동고분군을 중심으로 남쪽의 영산과 북쪽의 현풍을 포괄하는 지역으로 보았다. 그리고 신라계 위신재가 출토된 계남리1, 4호분을 4세기 제4/4분기로 편년하며 369년까지 가야였던 이 지역이 4세기 후엽에 신라의 간접 지배화된 것으로 주장하였다. 합천 옥전고분군의 창녕계, 경주계문물의 이입은 신라가 창녕지역을 통하여 다라국을 회유한 것으로 보았다. 창녕계 토기의 낙동강 하류역 이동은 신라가 낙동강로를 확보하는 가운데 행해진 중류역과 하류역의 연대連帶, 즉 신라의 지방지배가 지역별 각개격파의 수준을 넘어 여러 지역을 연계하여 실시한 수준에 달한 표징으로 파악하였다. 또 부산 가달고분군에 창녕계 토기가 집중적으로 부장되는 현상을 신라화 과정에 수반된 사민徙民으로 추정하고, 이를 창녕 세력의 약화와 낙동강 하구 지역의 신라 영향력 강화의 측면에서 해석하였다(이희준 1998a: 104-110).

그러나 계남리1, 4호분의 축조연대는 4세기 제4/4분기로 볼 수 없고 5세기 중엽으로 편년된다는 점에서 이러한 주장은 전제부터 잘못되었다. 창녕산토기는 낙동강서안의 합천군 옥전고분군과 의령군 유곡리고분군에 4세기 후엽부터 이입되기 시작하여 5세기 전반에는 창녕양식 토기가 신라권역 내뿐만 아니라 낙동강하류역과 남해안일대에 이입된다. 이희준은 이러한 창녕산 토기의 이동을 신라가 교통로를 확보하는 가운데 이루어진 것으로 보고 이를 신라에 의한 창녕의 약화와 특히 낙동강하구에 대한 영향력 강화로 주장하고 있으나, 이를 그렇게 볼 수 없다. 왜냐하면 신라가 창녕지역을 복속시켰다면 가장 먼저 이 지역 세력의 대외 활동에 대한 통제가 이루어졌을 것이기 때문이다.

그리고 부산 가달고분군에 창녕계 토기가 집중적으로 부장되는 현상을 신라화 과정에 수반된 사민에 따른 현상으로 볼 수 없다. 가달고분군에 인접한 미음동고분군에서는 4세기 후반부터 금관가야양식을 토기를 부장한 고분군이 조영되며, 이어서 5세기 전반 동일한 묘역에 비화가야양식 토기가 부장되기 때문이다. 따라서 창녕토기의 이입은 고김해만 일대 전역에서 일어난 공통된 현상으로 가달고분군에 국한된 현상이 아니다. 그러므로 가달고분군에 이입된 창녕계 토기는 사민에 따른 결과로 볼 수 없고 교역 등의 원인으로 토기가 이동한 결과라 볼 수 있다.

창녕양식 토기가 낙동강이서지역으로 이입되기 시작하는 것은 4세기 말 이래 일련의 현상으로, 필자는 이를 창녕세력의 활동으로 가야지역과 백제지역으로 창녕양식 토기가 이입된 것으로 본다.

사실 창녕지역이 『일본서기』 신공 49년조 즉 369년에 가야에 속하는 비자발국이었다는 분명한 기록은 확인되지만, 4세기 후엽 신라에 복속되었다는 기록은 『삼국사기』 소국 정복기사 어디에도 찾아 볼 수 없다.

다나카 도시아키田中俊明는 창녕에 하주下州가 설치된 점에 주목하였다. 신라의 주는 대외 진출기에 전략적 거점을 선택하여 설치되었으며, 한성漢城에 설치된 신주新州의 예를 들며 지방 통치단위로서 막 획득한 땅에 설치된다고 보았다. 따라서 창녕의 복속 시점을 하주가 설치된 6세기 중엽인 555년 직전으로 파악하였다(田中俊明 2001).

그러나 창녕에 하주가 설치된 사건을 반드시 신라가 신영역을 획득한 후의 조치로 볼 수 없다. 창녕의 하주는 상주 신흥리고분군 등으로 볼 때 5세기 전엽 이전 신라에 복속된 상주지역의 상주上州와 같이 설치된다는 점에서 한성에 설치된 신주와 같이 지방 통치단위로서 금방 획득한 땅에 설치된 주와는 성격을 달리한다고 본다. 창녕의 복속 시점은 529년 탁기탄과 남가라의 멸망 기사에 비화가야가 보이지 않는 점에서, 그 이전 시기로 보는 것이 타당하다.

백승옥은『일본서기』계체 234조 즉 530년에 보이는 구례모라성久禮牟羅城을 창녕지역으로 비정하고 이때까지 비사벌국은 신라에 복속되지 않은 것으로 보았다(백승옥 2001: 105). 또한 4세기 이후 신라에 의한 공납을 통한 간접지배로 본 주보돈의 견해(주보돈 2009)를 다음과 같이 비판하였다. 그는 창녕지역이 신라에 복속되었다는 사실을 알려주는 문헌사료가 없으며『삼국지』동이전에 보이는 동옥저, 읍루는 고구려와의 관계로 볼 때 고구려와 부여의 영역 안에 포함시켜야 하나 그 찬자는 각각 별개의 국으로 기술하고 있는 것을 근거로 들어 주보돈의 견해를 비판하였다(백승옥 2011: 221-223).

　필자는 구례모라성의 위치가 창녕으로 보아야 할 논거가 분명하지 않고, 앞에서 언급한 바와 같이 529년 탁기탄과 남가라의 멸망 기사에 비화가야가 보이지 않는다는 점에서, 비화가야의 신라 복속은 탁기탄과 남가라 멸망 이전에 일어난 사건이라 생각한다.

　필자는 종래 전형적인 창녕양식 토기로 보아온 계남리1, 4호분의 축조 이전 단계 즉 5세기 전엽 상하일렬투창고배를 비롯한 토기군을 창녕양식으로 설정하였다. 즉, 창녕양식토기가 5세기 중엽에 되어서야 이입된 것이 아니라 5세기 전엽 낙동강하류역으로 집중적으로 이입된 것으로 보았다. 그리고 이 지역이 신라에 복속된 시기는 창녕지역에서 독자적인 토기양식이 소멸되고 각지에 이입되던 이 지역 토기가 반출되지 않은 시점 즉 5세기 후엽으로 보았다. 이는 낙동강 서안에서 창녕지역과 같은 역할을 담당해온 합천 다라국 세력의 활동이 대가야에 의해 통제되는 5세기 후엽과 연동하는 시기인 점에 착목한 것이다(박천수 2001).

　김용성은 창녕지역을 교동지구 고총을 중심으로 한 세력과 계성지구 고총을 중심으로 한 세력으로 나누고 양자를 다른 지역 정치체로 보았다. 이 외에 고총이 분포하는 현풍지구와 영산지구는 각 세력의 내부에 포함된 읍락 또는 소별읍小別邑으로 생각하였다. 계성지구의 세력은 남강과 밀양강을 통한 교역의 통제를 위해 신라의 지원으로 성립되었고, 교동지구의 세력은 회천과 황강유역에 존재했던 대가야와 다라국이라는 세력을 견제하면서 낙동강을 통한 물자의 교역을 완전히 장악하려는 목적으로 신라가 지원함으로써 성립되었다고 하였다. 교동지구에서 고총 축조가 중단되는 이유로는 신라가 이 지역에 직접적으로 군을 주둔시킴으로써 재지집단에 대한 지원 필요성이 없었기 때문인 것으로 보았다(김용성 2009).

그러나 계성과 교동지구를 각각 다른 지역 정치체 즉 별개의 소국으로 파악한 것은 토기양식 등 고고자료로 볼 때 찬동하기 어렵다. 거대 고총이 계성지구에 축조되다가 교동지구에 축조되는 현상은 단지 지구地區에 따른 중심지 이동에 불과하다고 본다. 그 권역 설정에서 이미 지적한 바와 같이 토기양식과 고총으로 볼 때 현풍지역이야말로 창녕과 구별되는 지역 정치체이다. 또한 5세기 전반 다라국과 교섭한 것은 토기양식과 고총의 축조시기로 볼 때 교동지구의 세력이 아니라 계성지구 세력이다. 무엇보다 지역사를 일방적으로 신라사의 입장에서 설명한다는 점은 이희준의 입장과 동일하다고 할 수 있다. 비화가야와 다라국, 금관가야, 소가야와의 반세기에 걸친 교섭은 비화가야의 독자적인 정치·경제적 활동으로 평가할 수 있기 때문이다.

조성원은 필자가 제기한 5세기 전엽 김해 가달고분군 출토품 등의 낙동강하류역의 장각상하일렬투창 고배 등이 창녕양식이라는 주장에 반박하면서, 이 토기들은 창녕양식으로 설정할 수 없고 범영남식 창녕산으로 볼 수 있다는 다소 모호한 개념을 제시하였다(조성원 2010).

낙동강하류역의 김해·부산지역과 창녕지역에는 유사한 형식의 장각상하일렬투창고배가 있었으나, 5세기초를 전후한 시기에 고배와 뚜껑의 형식에서 낙동강하류역과 구별되는 형식이 출현한 것으로 본다. 그래서 필자가 설정한 창녕양식은 조성원이 설정한 것처럼 범영남식 창녕산으로 볼 수 없다.

필자가 이러한 토기군을 창녕양식으로 설정한 이유는 정식발굴에 의한 출토품은 아니지만 창녕지역 각지 학교의 향토실에 인근 고분군에서 출토된 토기 일괄품이 소장되어 있고, 창녕군 우강리고분군 출토품, 또 창녕지역과 같은 토기양식권에 속하는 청도군 송서리고분군 일괄 출토품에서 이러한 장각상하일렬투창고배와 뚜껑이 확인되기 때문이었다. 그 후 창녕지역에 인접한 청도군 성곡리고분군에서도 이 토기군이 출토되었다. 특히 결정적으로 창녕군 동리고분군에서 이러한 형식의 고배가 다수 출토되어 낙동강하류역 일대에 광범위하게 분포하는 이 형식의 고배가 창녕산 또는 재지산 창녕양식임은 재론의 여지가 없다고 할 수 있겠다.

홍보식은 묘제를 분석하여 창녕지역이 신라에 복속된 시기를 6세기 이후로 보았다. 계남리1, 4호분의 피장자 머리방향과 주 부장 유물군의 배치는 경주지역의 적석목곽묘와 동일하여 신라의 영향이 보이나, 합천 옥전고분군과 고령 지산동고분군과 유사한 점에 주목하였다. 이에 반해 교동, 송현동고분군의 피장자의 머리방향과 주 부장 유물군의 배치는 낙동강 서안지역의 가야 수혈식석곽과 유사한데, 특히 함안 말이산고분군과 순장자의 배치 형태까지도 유사함을 지적하였다(홍보식 2011).

종래 신라와 관계가 깊은 것으로 본 교동, 송현동고분군의 묘제가 가야지역과 유사한 점을 지적한 것은 중요하다. 그러나 교동, 송현동고분군의 묘제에 홍보식이 지적한대로 가야적인 요소가 있지만, 한편 위성식 배열의 배총, 연접분, 적석목곽분의 존재에서 신라적인 요소가 있는 것도 인정되어야 할 것이다.

김두철은 토기와 장신구, 마구의 분석을 통하여 5세기대에 창녕지역이 신라에 복속된 것으로 보는 견해를 다음과 같이 비판하며 창녕지역의 신라 복속 시기를 6세기 이후로 보았다. 그간 신라양식의 범주내에서 본 창녕양식의 이단교호투창고배가 신라토기와는 다른 형태적 특징을 가진 점, 창녕에서 확인된 편원어미형행엽을 포함한 신라 마구가 함안과 합천지역과 같은 가야지역에서도 출토된 점, 창녕지역에서 확인된 신라의 착장형 위신재에서는 누세대적으로 이어지는 신라 복식체계의 정착과 이를 통한 신분체계의 확립으로 보기 어렵다는 점을 들었다(김두철 2011).

필자는 5세기 전엽 이단일렬투창고배를 동반한 창녕양식은 가야양식으로 보지만, 5세기 중엽 이단교호투창고배를 동반한 창녕양식은 일정부분 신라의 영향을 받은 것으로 보는 점에서 김두철과 견해가 다르다. 한편 신라형 마구와 착장형 위신재가 이입된다 하여도 신라에 복속된 것으로 보지 않는 관점은 동일하다. 특히 그가 지적한 바와 같이 경산지역과 달리 창녕지역에서는 누세대적으로 이어지는 복식체계의 정착과 이를 통한 신분체계의 확립으로 보기 어렵다는 점이 중요하다.

하승철은 필자가 5세기 전엽 창녕양식으로 본 토기군 가운데 동리고분군 출토 이단일렬투창고배는 낙동강하류역과의 교류로 출현한 것으로 창녕지역 양식으로 볼 수 없다고 주장하면서, 5세기 전엽 창녕양식 토기의 존재를 부정하였다. 또한 창녕양식을 신라양식의 소지역양식으로 보고 신라의 착장형위세품의 존재를 중시한 이희준의 견해에 따라 이 지역이 5세기 2/4분기에 신라에 복속된 것으로 보았다(하승철 2014).

그러나 그의 견해는 앞에서 언급한 조성원과 유사하며 필자는 두 사람의 견해가 창녕양식 토기에 대한 이해가 부족한 것에 기인한다고 본다. 이에 대해서는 뒤에서 자세하게 논박하고자 한다. 또한 신라사의 입장에서 일방적으로 비화가야사를 바라보는 이희준의 입장과 동일한 점도 문제점이라 지적하고 싶다.

필자가 주목하는 것은 5세기 전엽 부산, 경산, 대구, 상주지역의 전면적인 신라양식화가 진행되는데 반해, 창녕지역은 그렇지 않고 독자적으로 5세기 전반에 걸쳐서 금관가야, 소가야, 다라국 등과 통교한다는 점이다. 이는 창녕양식을 신라양식의 소지역양식으로 보고 신라의 착장형 위신재의 존재를 중시한 이희준의 견해에 따라 이 지역이 5세기 제2/4분기에 신라에 복속된 것으로 보는 하승철의 견해와 전혀 의견을 달리하는 것이다.

더욱이 신라의 착장형 위신재를 비롯한 금공품이 출토되었다고 그것을 신라에 복속되었다는 확증으로 볼 수 없다. 즉 신라산 위신재가 5세기 전반 대가야의 왕릉인 고령 지산동73호분, 75호분, 다라국의 왕릉인 옥전23호묘, 옥전M1호분, 옥전M2호분 등에서 보이고 6세기 전엽 옥전M6호분에서는 금동관이 복수 부장되었음에도 신라화로 볼 수 없다. 또한 옥전M3

호분에서 출토된 대가야산 금동제 용봉문환두대도와 대가야산 토기도 다라국의 존재를 부정하는 것이 아니다. 다라국은 대가야에 의해 멸망당한 것이 아니라 562년까지 독립된 국명을 유지하고 있었기 때문이다.

최근 이희준은 황남대총남분을 내물왕릉(402년 몰)으로 보고 창녕 계남리1, 4호분의 연대를 이에 선행하는 4세기 4/4분기 후반, 이에 선행하는 창녕 동리유적을 4세기 4/4분기 전반으로 설정하며 이 시기에 신라양식으로 이행하는 것으로 보았다. 또한 소위 369년『일본서기』가라7국기사에 의거하여 369년 당시에는 가야에 속했으나 그 직후인 4세기 후엽에 신라에 병합된 것으로 주장하였다. 이로써 신라의 낙동강 수로 전역에 대한 개입이 실현되었고 369년 근초고왕 남정을 통해 낙동강유역에 진출함으로써 가야에 대해 모종의 이해관계를 수립했던 백제의 이익을 침해하게 되었다고 보았다. 이것이 바로 399년 백제의 후원아래 가야와 왜가 신라로 침입하게 된 요인이라 주장하였다(이희준 2017: 51-52).

그러나 앞에서 논의한 바와 같이 이 주장의 근거인 황남대총남분은 동아시아 역연대 자료로 볼 때 내물왕릉(402년 몰)으로 볼 수 없고 창녕 계남리1, 4호분의 연대가 5세기 중엽인 점은 분명하다. 따라서 이희준 본인이 주장하는 바와 같이 그 자체의 논리가 아무리 정치할지라도 처음부터 방향을 잘못 잡은 것이라서 사실 도로徒勞가 될 수밖에 없다. 또한 그는 400년 광개토왕비에 보이는 경자년조의 고구려 남정이 신라가 창녕을 병합함으로써 야기된 것으로 보고 있으나 광개토왕비의 정통적인 해석을 벗어난 상상의 범주를 벗어나지 못한다.

주보돈은 가라7국 가운데 오로지 비화가야인 비자발을 제외하고 나머지 국은 6세기 초까지 모습을 보이는 것을 근거로 비화가야의 멸망 시점은 6세기 초 이전으로 보았다. 그리고 400년 고구려 남정으로 인해 낙동강 이동 전역이 전장戰場화 된 것으로 보고 이 지역도 온존하지 않았던 것으로 추정하였으며, 그 이전 시기를 멸망시점으로 보았다. 나아가『일본서기』신공기 62년조(382년) 기사를 가라 즉 대가야가 신라에 멸망당하고 백제에 구원을 요청한 것으로 보고 이러한 정세 속에서 창녕지역도 복속되었다고 주장하였다(주보돈 2017).

그러나 이러한 주장은 앞에서 언급한 계남리1, 4호분을 4세기 제4/4분기로 보고 이 지역이 4세기 후엽에 신라의 간접 지배화된 것으로 파악한 이희준의 연대론에 기반한 것이다. 앞에서 언급한 바와 같이 계남리1, 4호분은 5세기 중엽으로 편년되기 때문에 그가 논거로 둔 고고학적 자료는 전제부터가 잘못되었다. 특히 낙동강 전역이 전장화되었다는 견해는 억측에 불과하다. 왜냐하면 김해 대성동고분군 왕묘의 조영이 중지되는 한편 고령 지산동고분군에 대형 왕묘가 새롭게 축조되는 점에서 낙동강하류역만이 전화戰禍를 입은 것을 알 수 있기 때문이다. 또한 『일본서기』신공 62년조 기사가 과연 신빙성이 있는지 의문스럽다. 이 기사를 사실로 인식하는 것은 문헌사학에서도 매우 드물기 때문이다.

이제까지 비화가야에 대한 연구는 앞에서 살펴본 바와 같이 가야 또는 신라 귀속 여부가 쟁점이었으며, 신라사의 입장에서 이 지역을 4세기 말 또는 5세기 초에 신라에 복속된 것으로 보는 견해가 주류였다.

본서에서는 비화가야사에 대하여 다음과 같이 논하고자 한다.

먼저 이제까지 주목하지 못했던 비화가야가 위치한 창녕지역의 자연지리적 입지를 통하여 가야 또는 신라 귀속 여부에 대해 논하고자한다. 왜냐하면 창녕지역은 신라에 일찍 복속된 포항, 영천, 경산, 대구, 울산의 지형과는 매우 다르기 때문이다. 즉, 상기한 지역은 경주지역과 낮은 산지 사이의 구조곡으로 연결되어 있어 신라가 공략하고 영향력을 행사하기 쉬운 곳이지만, 창녕지역은 그와 다른 지형상의 특징을 지니고 있다. 창녕지역은 지형은 신라와는 높고 험준한 산지를 경계로 하고 있으나 가야와는 낙동강을 마주 보고 열려 있기 때문이다.

본서에서는 5세기 초 광개토왕비의 경자년(400년)이후 가야지역의 정치적 구도를 생각하면서 비화가야사를 논하고자 한다. 즉 이 시기를 기점으로 금관가야가 쇠퇴하며 아라가야도 일시적으로 쇠퇴하는 가운데, 소가

도 I-3 교동고분군

야와 함께 비화가야가 대두하기 때문이다. 비화가야의 발전 배경과 관하여 소가야와 연계된 철소재의 생산과 유통을 통하여 논하고자 한다.

구체적으로 비화가야의 활동을 논하기 위해 이제까지 논의되었던 5세기 전반 비화가야 토기양식과 관련된 결정적인 자료가 확인된 영산지역의 동리고분군 출토 토기에 주목하고자 한다. 왜냐하면 앞에서도 언급한 바와 같이 이 고분군의 조사를 통하여 종래 필자가 주장해 온 5세기 전반 창녕양식의 실체가 입증되었기 때문이다. 즉, 이 시기 창녕지역 토기양식이 가야양식인 점과 동시에 금관가야, 소가야, 다라국에 창녕산 토기가 지속적으로 이입된 것이 확인되었다.

다음은 5세기 전반 창녕지역산 토기는 영남지역 전역으로 확산되며 특히 낙동강 대안의 합천 다라국과 낙동강 하류역의 금관가야, 남해안 일대의 소가야권역으로 일정기간 집중적으로 이입되었다. 그래서 비화가야양식 토기가 지속적으로 이입된 소가야, 금관가야, 다라국, 대가야와의 관계의 검토하면서 비화가야의 정치적 귀속성과 발전 동인에 대하여 논하고자 한다.

나아가 비화가야의 중심지가 남부의 계성지구에서 북부의 교동지구로 옮겨가는 역사적 배경과 비화가야를 둘러싼 가야, 신라의 정치적 동향에 대해서도 논할 것이다.

Ⅱ. 편년

1. 상대편년

편년은 이 지역을 중심으로 동일한 권역인 청도 이서지역까지를 대상으로 한다(도 Ⅱ-1).

1기: 창녕군 여초리A지구 토기가마 출토품을 표지로 하며, 이 시기는 공자형고배, 노형기대, 침선문개가 제작되는 단계이다. 공자형고배와 노형기대는 무투창이고 침선문개는 운두가 높고 고리형 손잡이를 가진 것이 특징이다. A지구 출토품 가운데 노형기대는 창녕군 교육청 소장품과 합천군 저포리A지구50호묘에 유례가 확인된다. 또 소장미고분군 출토 노형기대는 형식은 다르나 같은 시기로 파악되는 합천군 옥전54호묘와 함안군 황사리1호묘에 공자형고배와 공반되고 있는 점에서 1기로 편년한다.

2기: 여초리B지구 토기가마는 A지구가마 출토품과 유사한 무투창 노형기대와 같은 1기 출토품도 확인되어 전 후기로 구분된다. 2기는 B지구가마 출토품 가운데 후기 출토품을 표지로 한다. 즉, 후기는 이전 단계에 제작되던 공자형고배가 사라지고 새로이 소형투창이 뚫린 통형대각의 고배가 출현하며, 노형기대에는 투창이 뚫리고, 운두가 낮고 단추형 손잡이를 가진 침선문 개가 제작된 점으로 볼 때 이 시기로 편년한다.

도 II-1 창녕지역 고분편년

1기(1: 청도각남, 2, 4: 대합면, 3: 창락초교, 5: 여초리A지구, 6: 소장미고분군, 7: 여초리A지구)
2기(8: 대합면, 9~12: 여초리B지구)　|　4기(13~19: 청도봉기리3호목곽)
5기(20~26: 청도봉기리5호목곽)　|　6기(27~33: 동리7호목곽묘, 34: 계성리봉화골수혈주거지7호)
7기(35~41: 동리3묘)

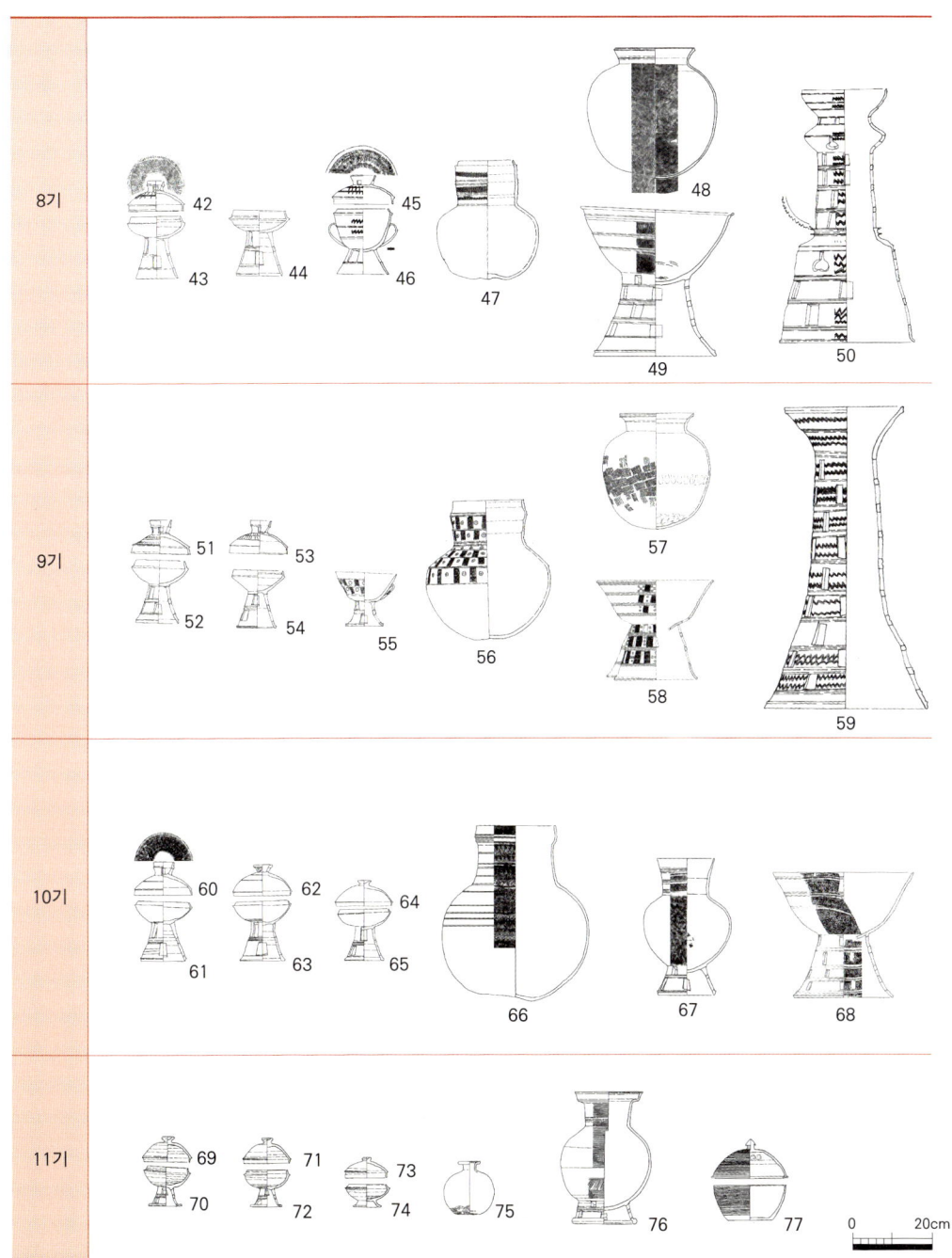

8기(42~44, 47: 교동3호분, 45, 46, 50: 계남리1호분, 48: 계성리3호분, 49: 영산1호분)
9기(51, 52, 54, 56, 58: 교동1호분, 53, 55, 57, 59: 교동2호분) | 10기(60~68: 송현동7호분)
11기(69~77: 계성Ⅲ지구1호분)

3기: 주변지역으로 볼때 노형기대와 통형고배가 부장되는 시기이다. 이 시기에 해당하는 유구는 아직까지 발굴조사되지 않았다.

4기: 청도군 봉기리3호목곽묘는 노형기대의 요소가 잔존한 발형기대가 부장된 것에서 이 시기로 편년된다. 새롭게 팔자형대각의 능형의 문양을 장식한 고배와 상하일렬투창고배가 공존하는 점에서도 그러하다.

5기: 청도군 봉기리5호목곽묘는 노형기대에서 탈피한 파상문이 시문된 발형기대와 기고가 높고 뚜껑받이턱이 돌출한 팔자형대각의 상하일렬투창고배만이 출토되어 이 시기로 편년된다. 고배에는 유충문을 시문하고 단추형 손잡이를 가진 개가 공반된다.

6기: 창녕군 동리7호목곽묘는 청도군 봉기리5호목곽묘 출토품에 비해 기고가 낮고 뚜껑받이턱이 축소된 팔자형대각의 상하일렬투창고배가 출토된 점에서 이 시기로 편년한다. 같은 형식의 비화가야양식 토기가 출토된 합천군 옥전23호묘도 이시기에 해당한다.

7기: 창녕군 동리3묘를 표지로 한다. 팔자형대각의 상하일렬투창고배와 제형대각의 상하교호투창고배가 공반된 점에서 이 시기로 편년한다. 비화가야양식의 동일한 기종 구성인 토기가 출토된 옥전31호묘도 이 시기로 편년된다.

8기: 창녕군 계남리1, 4호분과 교동Ⅱ군3(구3)호분 출토품을 표지로 한다. 팔자형대각의 상하일렬투창고배가 완전히 사라지고 교호투창을 가진 제형대각의 고배가 주류를 형성한다. 계남리1호분에서는 동부가 완전히 직선화되고 파수 단면이 세장방형인 유대파수부완이 출토되었고, 교동3호분에서는 뚜껑받이 턱이 사라지고 경부가 직선화된 장경호가 공반되고 있다. 그리고 계남리1호분에서는 상부가 호형이고 각부가 도중에 단을 형성하면서 넓어지는 통형기대가 출토되었으며 열쇠구멍모양의 투창이 뚫린 것이 특징이다. 계남리3호분에도 같은 형식의 통형기대가 보인다. 영산1호분 출토 발형기대도 전면에 파상문을 시문한 이 시기의 전형적인 비화가야양식이다. 그래서 계남리1, 2, 3, 4호분과 교동Ⅱ군3(구3)호분, 영산1호분은 약간의 시간차는 있으나 토기형식과 마구 등이 동일한 점에서 같은 단계로 설정한다. 옥전M1호분도 이 지역에서 제작되어 이입된 같은 형식의 장경호, 기대, 유대완이 있어 동일 시기로 본다. 이 시기는 유구가 집중하고 있어 차후 세분이 필요하다고 본다.

9기: 창녕군 교동Ⅱ군2(구동아대2)호분 출토품을 표지로 한다. 2호분에서는 유충문이 시문된 개를 공반한 고배, 경부에 돌대를 가진 단경호와 같은 비화가야양식 토기가 보인다. 한편 종래 시문되던 파상문 대신 격자문과 원문을 조합한 문양이 시문된 유대파수부완, 장경호와 발형기대가 공반된다. 그리고 2호분에서는 상부가 직선적으로 외반하고 대각이 직선적으로 넓어지는 계남리1호분 출토품과 형태가 전혀 다른 신라양식의 통형기대가 출토되었다. 이 시기는 비화가야양식 토기가 유존하는 가운데 신라양식 토기가 이입되나 전자가 주류이다. 교동Ⅱ군10(구89)호분도 이 시기로 본다.

10기: 창녕군 송현동7호분 출토품을 표지로 한다. 7호분 출토품에서는 통형의 손잡이를 가진 개에 시문되던 유충문이 사라지고 집선문이 출현하는 변화가 확인된다. 또 와권渦卷상의 도차에 의한 성형흔이 나타나는 것으로 볼 때 제작기술에도 신라양식의 기술도입에 의한 큰 변화가 수반된 것으로 파악된다. 교동Ⅰ군7(구7)호분, 교동Ⅰ군11(구11)호분도 이 시기에 해당한다. 신라양식 토기가 다수를 차지하나 비화가야양식 토기가 잔존하는 시기이다.

11기: 비화가야양식 토기가 완전히 신라양식화되는 단계이며 단각고배와 부가구연장경호가 출토되는 창녕군 계성리Ⅲ지구1호분 출토품을 표지로 한다.

2. 역연대

각 시기의 역연대는 필자의 연대관에 의거하여 **표 Ⅱ-1**과 같이 설정한다.

5기는 이 시기에 해당하는 청도군 봉기리5호목곽묘는 부장된 유충문을 시문한 단추형 손잡이를 가진 개가 교토부京都府 우지시가이宇治市街유적 유로流路SD302유구 출토 초기 스에키須惠器 개와 유사한 점에서 4세기 말로 편년한다. 이 유적 출토 목제품은 역시 수피樹皮형으로 벌채 또는 성장이 멈춘 연대가 389년으로 측정되었기 때문이다. 또, 오사카부大阪府 오바데라大庭寺TG231·232요의 스에키와 같은 시기이다.

6기는 창녕군 동리7호목곽묘는 TK73형식의 스에키가 출토된 교토부 나구오카키타奈具岡北1호분에서 같은 형식의 창녕양식 토기가 공반되어 5세기 초로 편년한다. 나라현奈良縣 헤죠궁平城宮 하층SD6030유구에서는 TK73형식 또는 TK216형식으로 비정되는 스에키와 함께 출토된 미완성 목제품은 수피형으로 벌채 또는 성장이 멈춘 연대가 412년으로 밝혀졌기 때문이다.

8기는 창녕군 계남리1, 4호분과 교동3호분은 부장된 등자와 행엽 등으로 볼 때 경주시 황남대총 남분의 연대인 458년 전후인 5세기 중엽을 기준으로 한다(박천수 2018). 이는 계남리2호분 출토 은제 과대의 용문패식이 황남대총 남분 출토품과 같은 형식인 점에서도 같은 시기임을 알 수 있다(김승신 2017: 164). 황남대총남분에는 역逆Y자형 철대로 보강한 목심등자가 출토되었다. 이 형식의 등자는 부산시 복천동21·22호묘 단계에 출현하여 창녕 동리5호묘 단계를 거쳐 황남대총남분 단계로 형식 변화한 것을 알 수 있다.

그리고 황남대총남분 출토 역Y자형 철대로 보강한 목심등자와 같은 형식이 출토된 창녕군 교동Ⅱ군3호분, 합천군 옥전28호묘에서는 일본열도산 대금계 판갑이 공반된다. 전자에서는 삼각판과 횡장판을 병용한 정결釘結판갑, 후자에서는 횡장판정결판갑이 출토되었는데, 양자는 모두 TK208형식의 스에키와 병행하는 형식으로 5세기 중엽으로 편년된다(박천수 2018).

표 II-1 가야고분 편년표

단계	慶州	釜山	大邱	星州	尙州	義城	昌寧	咸安	昌原	金海	釜山	固城	高靈	陝川	陝川西部	倭 관련	曆年代
I	皇城洞22號 中山里1a74號	造永洞 E I-3號						道項里 (文)35號	道溪洞 (東)31號	大成洞29號						曹魏(249~266年)	3世紀中葉
II	九政洞3槨																
III	中山里1a75號	造永洞 1B-60號	深川里 50號					道項里 (禮田)26號	道溪洞 (東)14號	龜旨路1號	福泉洞80號	梧村里武村里 2丘3號					300年
IV	九於里1號	造永洞 1A-19 1B-74	飛山洞 3號 木槨				余草里 A地區	窩沙里 45號		大成洞 13-18號	福泉洞38號	武村里 2丘.23,26號		玉田54號			
V	竹洞里2號	造永洞 C1-1號					余草里 B地區	窩沙里 44號	道溪洞 (東)25號	龜旨路96號	福泉洞60號	梧鵠洞1E號	磐雲洞木槨	玉田27號	苧浦里 A31.50號		
VI	鶴川里43號	林安洞 1A-9號						窩沙里 36號		龜旨路15號	福泉洞 48.54.57號	武村里 2丘.24號	快賓洞2號		苧浦里 B32號		4世紀中葉
VII	月城路7ト6號 月城路7ト8號	造永洞 G5-6號					高邑里 廊岐里 3號木槨	末山里 (愛)110號	縣洞 (愛)17號 縣洞14.40號	大成洞3號	福泉洞 31-32號	山清 玉山里2號	快賓洞1號	玉田68號	苧浦里 A+7號		
VIII	月城路7ト3號 皇南洞109號 3-4槨				新興里 나39號		高邑里 廊岐里 5號木槨	稻谷里 3號	縣洞 12號木槨	大成洞3號	福泉洞 21-22號	山清 玉山里29號		玉田23號	鳳溪里 3號木槨	TG.232 (389年前後)	400年
IX	月城路 ト13號		汶山里 M2號	星山洞58號	靑里 40號	塔里 I號槨	東里7號 木槨	道項里 (文)36號	縣洞7號	七山洞33號 加는5號	福泉洞 10-11.53號	雨水里18號	池山洞35號	玉田35號	苧浦里 18號木槨	TK73 (412年前後)	
X	皇南洞110號		汶山里 M2號		靑里 D3號	塔里 II號槨	東里3號	道項里 (愛)13號	縣洞 (愛)100號	大成洞73號 禮安里36號	福泉洞1號	武村里 2丘85號	池山洞30號	玉田31號	苧浦里 A1號石槨	TK216	
XI	皇南大塚 南墳		內唐里51號 1-2槨 汶山里8號 4槨	星山洞38號 星山洞59號	靑里 40號	塔里 II號槨	校洞3號	道項里 8號	縣洞 (愛)125號 木槨	禮安里35號	福泉洞 4.15號	武村里 3丘82號	池山洞32號	玉田M2 玉田M1號	苧浦里 나A號	TK208 皇南大塚南墳 (458年)	5世紀中葉
XII	皇南大塚 北墳		飛山洞 37號2槨	星山洞39號 星山洞57號	靑里 59號	塔里 III號槨	校洞1號			禮安里71號	鶴栗洞 2號槨	武村里 3丘145號	池山洞 (領)3號	玉田M3號	磻溪堤 7A號 鳳溪里 20號石槨	TK23 (渼鄒路4가75年前後 稻谷洞나1段階) (471年前後)	
XIII	金冠塚		內唐里 55號	星山洞58號	靑里 37號	大里 3號	松峴洞 7號	道項里 15號		禮安里39號	林石1,2號	蓮塘里 松鶴洞 1A-1號	池山洞44號	玉田M4號	磻溪堤 나A號	TK47	
XIV	天馬塚			六地旨	靑里 D3號	鶴尼里 1號	桂城里 Ⅲ-1號	道項里 (文)51號		禮安里57號		蓮塘里 松鶴洞 1B-1號 (1次)	池山洞45號	玉田M6號	磻溪堤 大形墳	MT15	500年
XV	晋門里 夫婦塚	林安洞 6A號						道項里 岩刻畵 古墳	茶戶里B1號	茶戶里B27號 礜鶴洞13號		蓮塘里 松鶴洞 1B-1號 (2次)	陝川三嘉 1號墳 A號石槨	玉田 M10號	苧浦里 D2-1號右室	TK10(武寧王陵) (磐井の亂527年前後)	
XVI		林安洞 1B-9 1B-11號						道項里 (文)47號		礜鶴洞57號			高衙洞 燃燈古墳	玉田 M11號	苧浦里 D1-1號石室	大伽耶滅亡 (562年)	6世紀中葉

필자는 창녕양식 토기를 옥전68호묘-옥전23호묘-가달5호묘-옥전31호묘-교동Ⅱ군3호분, 계남리1, 4호분, 옥전M1, 2호분으로 편년하였다(박천수 2010).

그런데 홍보식은 옥전31호묘는 창녕 교동Ⅱ군1, 3호분보다 후행하는 것으로 보고, 창녕 계남리1, 4호분은 옥전M1호분보다 1단계 선행하는 것으로 주장하였다. 즉, 계남리1, 4호분-옥전M2, M1호분-창녕 교동Ⅱ군1, 3호분-옥전31호묘로 편년하였다(홍보식 2014).

이전부터 필자는 옥전68호묘, 옥전23호묘, 가달5호묘 출토 상하일렬투창고배 중에 창녕양식이 존재한다고 주장하였다. 그리고 창녕양식 토기의 주 분포권은 창녕지역을 중심으로 인접한 청도군 이서지역 일대에 걸쳐 있는 것으로 보았다(박천수 2001).

그 후 청도군 성곡리고분군에서 이러한 형식의 고배가 다수 출토되어 낙동강하류역 일대에 광범위하게 분포하는 이 형식의 고배가 창녕산 또는 창녕계임은 재론의 여지가 없게 되었다. 그럼에도 창녕양식 토기를 이해하지 못한 경남지역 연구자들이 이에 대한 부정적인 견해를 제시하였다.

그러나 동리고분군에서 필자가 주장해온 창녕양식의 상하일렬투창고배가 다수 출토되었다. 동리고분군 출토 토기는 필자가 기존 편년한 바와 같이 상하일렬투창고배에서 과도기를 거쳐 상하교호투창고배로 변하는 과정이 잘 확인된다(도 Ⅱ-2).

동리고분군에서도 확인된 바와 같이 창녕양식 토기는 팔자형 대각의 상하일렬투창고배와 단추형손잡이를 가진 개가 공반되는 것에서 제형 대각의 상하교호투창고배와 신식의 대각도치형 손잡이를 가진 개가 공반되는 것으로 변화한다.

필자는 옥전31호묘와 교동Ⅱ군3호분의 선후관계는 유물 조합상에서 볼 때 전자가 선행하는 것이 분명하다고 판단한다. 왜냐하면 전자에는 고식의 팔자형 대각의 상하일렬투창고배 뿐만 아니라 단추형손잡이를 가진 개가 공반되지만 후자에는 상하일렬투창고배와 단추형손잡이가 사라지고

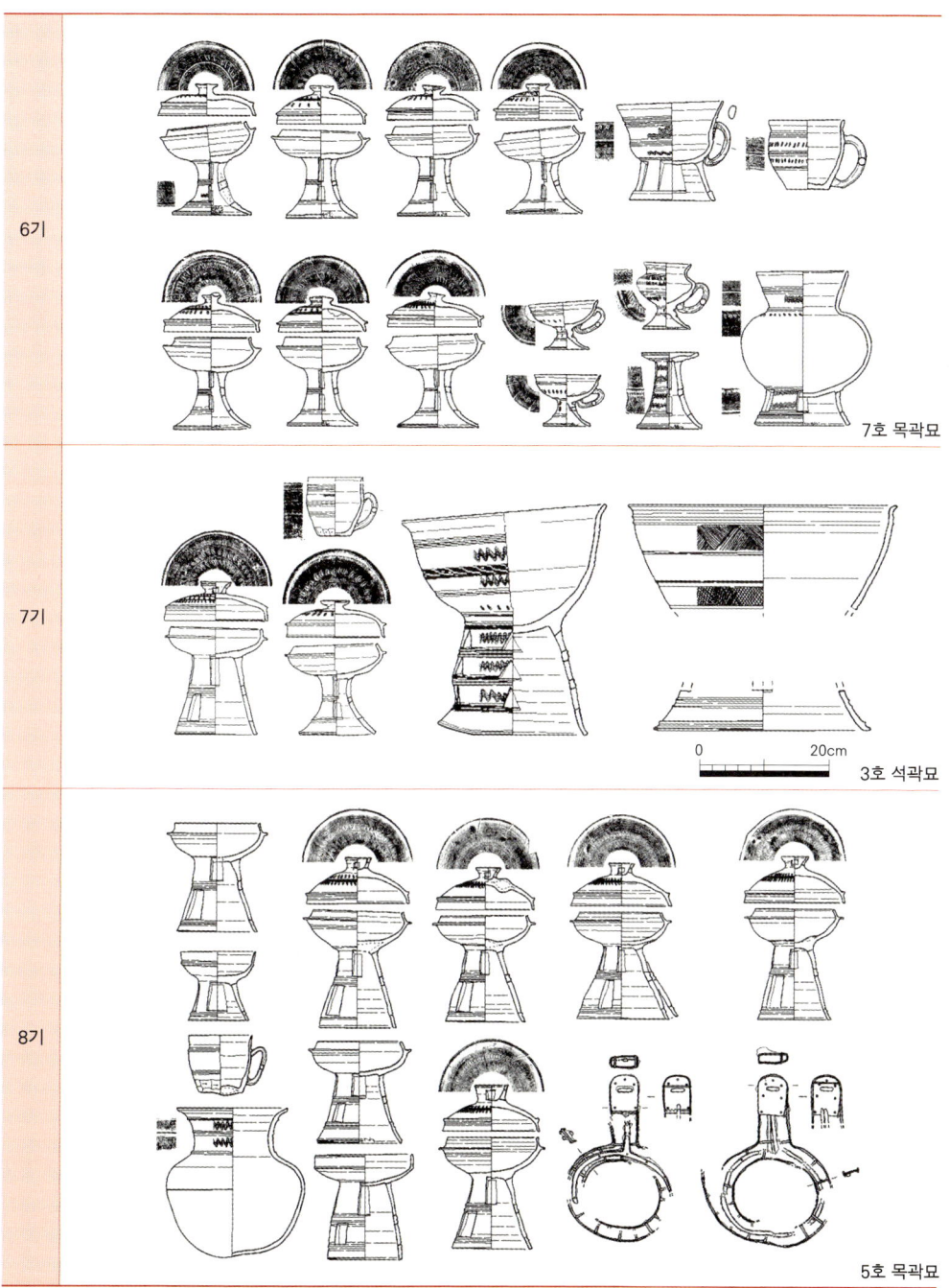

도 Ⅱ-2 창녕군 동리고분군 출토 토기의 편년

제형 대각의 상하교호투창고배와 신식의 대각도치형 손잡이를 가진 개가 부장되기 때문이다.

그리고 옥전31호묘에는 교동Ⅱ군3호분 출토품에 선행하는 형식의 파배가 부장되었다. 즉 옥전31호묘 출토품은 교동Ⅱ군3호분 파배에 비해 배신이 직선적이고 통형에 가까운데, 이는 2단계 선행하는 옥전23호묘 출토품의 형태적인 요소가 잔존하기 때문인 것으로 본다. 교동Ⅱ군3호분 출토품은 돌대가 다수 형성된 점, 즉 장식이 부가된 점에서도 후행하는 형식으로 판단된다. 이는 유대파수부완의 경우도 전자에는 유개식에 단면 원형의 파수를 가진 것, 후자에는 신라의 영향에 의해 새롭게 출현한 무개식의 단면 세장방형 파수를 가진 것이 공반되는 것에서도 방증된다.

10기는 송현동7호분과 같은 시기인 교동Ⅰ군7호분은 5세기 말로 본다. 교동Ⅰ군7호분의 배총인 교동Ⅰ군10호분에는 대가야산 용봉문환두대도가 출토되었다. 교동Ⅰ군10호분 출토 용봉문환두대도는 용과 봉황의 도상으로 볼 때 옥전M3호분 출토품과 같은 형식이다. M3호분과 같은 형식의 마구가 출토된 f자형경판비와 검릉형행엽 등은 일본고분 편년과 병행관계를 파악할 수 있는 중요한 자료이다. 또 M3호분의 f자형경판비의 경판은 전체를 강하게 굴곡시킨 점과 인수에 사슬과 별도로 제작한 인수호를 연결시킨 구조, 연금의 못의 수 등에서 사이타마현埼玉縣 이나리야마稻荷山고분 역곽 출토품과 유사하다(千賀久 1994). 이나리야마고분은 출토된 대장식구의 반육조 용문이 옥전M3호분 출토 용문환두대도의 병두금구의 도상과 같은 점에서도 옥전M3호분과 병행관계로 설정된다. 옥전M3호분의 역연대는 이나리야마고분 역곽의 TK47형식과 병행하는 점에서 일본열도로의 마구의 이입, 보유, 매납 기간을 고려하여 이보다 한 단계 이른 시기인 이나리야마고분 출토 철검명(471년)에 전후한 시기에 위치시킬 수 있다.

다만 교동Ⅰ군10호분의 연대는 용봉문환두대도가 옥전M3호분과 같은 형식이나 5세기 중엽의 8기와의 사이에 9기인 교동Ⅱ군2호분이 중간에 있어 5세기 말로 편년하고자 한다.

非火加耶

Ⅲ. 역사지리적 환경

창녕군은 동쪽으로는 밀양시, 서쪽으로는 합천군과 의령군, 남쪽으로는 함안군과 창원시, 북쪽으로는 대구광역시 및 경상북도 청도군과 접하고 있다.

지형은 북동쪽이 대체로 높고 남서쪽이 낮은 편이다. 동북부는 화왕산을 중심으로 천왕산·관룡산 등 연봉이 솟아있는 산악지대이다. 서남부는 낙동강 연변의 구릉지와 평야지대로 비옥한 농경지를 이루고 있다.

소백산맥과 태백산맥의 지맥이 남쪽으로 뻗어 내려오다가 경상남도의 서부 및 동부에서 말단부를 형성하는 중간지점에 산지를 형성한다. 저산성 산릉이 북동쪽에서 남쪽으로 뻗어 있다.

대표적인 산으로는 북동부의 군계에 비슬산맥琵瑟山脈이 남쪽으로 뻗어 수봉산(秀峰山, 593m)·화왕산(火旺山, 757m)·관룡산(觀龍山, 740m)·영취산(靈鷲山, 737m)·영축산(靈鷲山, 682m) 등이 있다 (도 Ⅲ-1).

서부에는 구룡산(九龍山, 208m)·성지산(聖智山, 200m)·고운봉(高雲峰, 241m) 등 표고 200m 내외의 낮은 구릉이 북부와 동부의 산지와 계속 연결되고 있다.

하천으로는 낙동강이 군 서쪽의 북부에서 남으로 남류하다가 남지읍 부근에서 서부에서 남강과 합류하며 유로를 동쪽으로 변경하여 창녕군의 남부를 동류한다. 북동부의 산지에서 발원하는 토평천土坪川, 운봉천雲峰川, 계성천桂城川, 청도천淸道川 등이 계곡을 형성하면서 남류하여 낙동강으로 흘러든다. 계남리고분군과 계성리취락유적은 계성천에 바로 인접하여 입지하는 점에서 이 수로와 관련되어 형성된 유적으로 본다.

이 하천들 연안에 평야가 형성되어 있다. 특히 남서부 남지 일대는 낙

도 Ⅲ-1 창녕 화왕산과 교동고분군

동강과 남강이 합류하여 충적지가 비교적 넓게 형성되고 있다. 이 지역은 늪과 못이 많은 곳으로 유명하며 관개용 저수지를 포함하여 상당수가 분포되어 있다. 장척늪(장척호丈尺湖 또는 장자호長者湖), 번개늪電澤, 우포牛浦늪 등이 있다. 일제강점기 유리건판 사진을 보면 토평천과 연결된 우포늪이 창녕읍쪽으로 지금보다 훨씬 만입하였음을 알 수 있다(도 Ⅲ-2). 그래서 교동고분군 축조 시기에는 토평천을 통하여 낙동강에 교통하는 것이 용이하였던 것이다.

창녕지역은 낙동강 중류에 위치한 곡창지대로서 일찍부터 농경문화가 싹튼 곳으로, 고인돌과 같은 청동기시대의 유적과 각종 유물들이 여러 곳에서 많이 발견된다. 특히 장마면 유리지석묘는 대형의 장방형 입방체 상석이 특징인 지석묘로서 높은 구릉 위에서 평야를 내려다보는 곳에 축조되

도 Ⅲ-2 일제강점기 창녕읍

어있다. 유리마을 북서쪽의 구릉 위에는 원래 10여 기의 지석묘가 분포되어 있었으나 대부분은 일제강점기 영산~박진간의 도로공사 때 파괴되어 지금은 1개의 거대한 상석이 남아있다.

창녕지역은 일찍부터 사료에 등장한다. 『삼국지』위서 동이전의 변진한24국의 하나인 불사국不斯國이 있었던 것으로 보고 있다. 『일본서기』신공 49년조 즉, 369년 가라 7국 기사에는 비자발, 남가라, 탁국, 안라, 다라, 탁순, 가라가운데 비자발로 비정된다. 『삼국유사』5가야조에는 비화가야로 나온다(도 Ⅲ-3).

『삼국사기』권34 지리지 화왕군조에 "화왕군은 본래 비자화군比自火郡 또는 비사벌로 진흥왕 16년(555년)에 하주를 설치하고, 진흥왕 26년(565년)에 주를 폐하였다가 경덕왕때 개명하여 창녕군으로 하였다."고 기록되어 있다.

도 Ⅲ-3 창녕지역 문헌 사료

좌: 일본서기, 우: 삼국유사

이 지역은 신라가 낙동강 서쪽으로 진출 하는데 있어 마치 부채살의 꼭지와 같은 교통상의 요충지였으므로 555년에 신라가 비사벌을 병합하고 이곳에 하주下州를 설치하여 군사상의 전진기지로 삼았다.

561년에는 왕이 이곳을 순수巡狩하고 진흥왕척경비眞興王拓境碑를 세웠다. 그 뒤 565년에 하주가 합천으로 옮겨져 대야주大耶州가 되면서, 이곳은 비사벌군比斯伐郡 또는 비자화군이라 불리게 되었다.

757년(경덕왕16)에 화왕군火王郡으로 다시 개칭되었고 지금의 대구광역시 달성군 현풍면 지역인 현효현玄驍縣이 영현領縣으로 포함되었다. 또한, 같은 해에 지금의 영산면 지역이 본래 서화현西火縣에서 상약현尙藥縣으로 개칭되어 밀성군密城郡의 영현이 되었다.

창녕지역은 동쪽으로는 동북쪽의 비슬산과 연한 화왕산, 관룡산, 영취산과 같이 높은 산지와 면해있으며 북쪽으로는 나지막한 산지를 경계로 현풍지역, 서북쪽으로는 낙동강과 합류하는 회천하구를 마주보면서 고령지역, 서쪽으로는 황강하구를 마주보면서 합천지역, 서남쪽으로는 남강하구를 마주보면서 의령지역, 남쪽으로는 낙동강을 경계로 함안지역과 접하고 있는 분지상에 위치하고 있다. 동쪽으로는 산지를 경계로 하여 청도군과 접하고 있다. 창녕지역에서는 낙동강 수계를 따라 남하하면 고ᄒ 김해만, 남쪽으로는 낙동강을 건너 회랑지대와 같이 형성된 창원 북면일대를 따라 내려가면 마산만, 남강 수계로 나아가 남하하면 사천만에 도달한다.

그런데 창녕지역의 지형은 신라와는 높고 험준한 산지를 경계로 하고 있으나 가야와는 낙동강을 마주 보고 열려 있는 점이 주목된다. 동쪽은 높고 험준한 비슬산맥이 남으로 뻗어 앞에서 언급한 화왕산, 관룡산, 영축산 등의 준봉이 잇달아 솟아 있다. 한편 서쪽은 낙동강에 면한 넓은 하구를 가진 계성천과 토평천은 각각 계성고분군, 교동고분군 주변까지 만입되어 있었기 때문이다. 이는 신라에 일찍 복속된 포항, 영천, 경산, 대구, 울산지역의 지형과는 매우 다르다. 즉, 이 지역들은 경주지역과 낮은 산지 사이의 곡간 통로로 연결되어 있어 신라가 공략하고 영향력을 행사하기 쉬운 곳이지만, 창녕지역은 신라와의 경계인 동쪽에 험준한 산으로 병풍처럼 둘려져 있어 신라가 침공하기 어려운 지형상의 특징을 보이고 있다. 신라가 이 지역으로 침공하기 위해서는 영천, 경산, 대구를 거쳐 낙동강을 따라 내려오거나, 청도, 밀양을 거쳐 낙동강을 거슬러 올라올 수밖에 없는 매우 불리한 곳이었다(도 Ⅲ-4).

한편 이 지역은 서쪽이 낙동강으로 열려있는 지형이다. 이 지역은 금호강, 황강, 남강과 합류한 대하 낙동강을 서쪽과 남쪽으로 면한 영남내륙 교통의 요충으로, 계성고분군과 교동고분군은 낙동강의 산물이라 할 수 있다. 이는 비화가야가 낙동강을 중심으로 활동한 점에서 알 수 있다.

창녕지역 1단계과 2단계의 4세기 전엽과 중엽의 토기양식은 고배, 노형토기, 승석문단경호의 형식으로 볼 때 크게 보아 낙동강유역 양식(윤온식 2001) 좁게 보아 아라가야 양식(박천수 2000a)으로 파악된다. 이는 비화가야

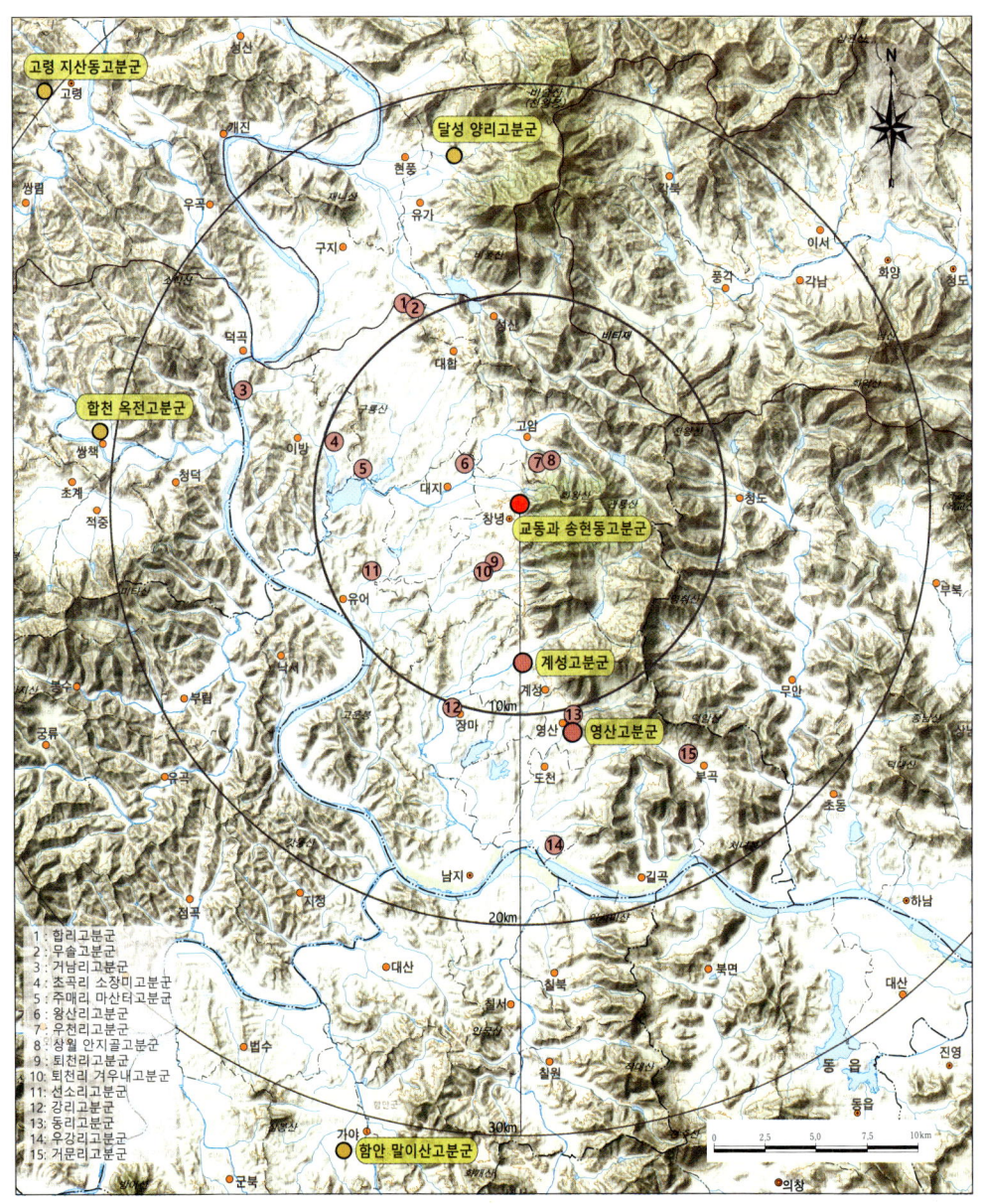

도 Ⅲ-4 창녕지역의 지형과 고분군 분포(장상갑 2015)

가 낙동강을 매개로 남강하구와 황강하구, 회천하구를 통하여 가야세력과 밀접하게 교통하고 있었음을 나타낸다.

비화가야의 수로활동이 활발하였음이 남쪽 낙동강에 면한 신석기시대 창녕 비봉리유적에서 통나무배丸木舟가 출토된 것에서도 알 수 있다. 비봉리유적에서는 해수성 조개가 출토되어 해수의 영향이 이 지역까지 미친 것으로 판명되었다. 더욱이 비봉리유적이 위치하는 부곡면 청암리에는 임해진臨海津이라는 지명이 있어 고대 창녕 남부일대가 바다로 인식되었음을 추정할 수 있다.

4세기 후엽 창녕 남부 계남리고분군의 북서쪽 계성천에 면한 계성리취락유적에서는 영산강유역에 보이는 사주식주거지와 함께 마한양식의 연질토기와 일본열도 서부 세토나이해瀨戶內海계 하지키土師器가 출토되었다(井上主稅 2008). 더욱이 봉화골 I 지구 9호 수혈주거지에서는 철정이 확인되었다. 이는 철소재를 교역하기 위해 비화가야에 마한인과 왜인이 거주한 것을 알 수 있게 한다. 계성리유적은 인접한 계남리고분군 축조 세력과 직접적인 관련이 있는 취락유적으로 당시 비화가야에 철소재를 중계하기 위한 국제적인 교역 거점이 있었음을 시사한다. 이는 『삼국지』위서 동이전에 변진한의 철을 구하기 위해 한韓(마한馬韓)과 왜倭가 왔다는 기사와 부합되는 점에서 흥미롭다. 4세기 전엽 아라가야인을 중심으로 왜인, 마한인이 거주한 거제시 아주동취락유적과 같은 성격으로 보인다.

계성리취락유적은 남강이 합류하여 계성천의 일제강점기까지 넓은 소택지沼澤地를 형성하고 있던 넓은 하구에 면하고 있어, 고古김해만에 입항한 왜선倭船이 낙동강을 거슬러 올라와 도달할 수 있는 지점에 입지한다. 일본열도산 녹나무제 선재船材를 전용轉用한 5세기 후엽에 축조된 송현동 7호분의 주형舟形 목관은 이를 방증하는 것이다. 이 목관은 낙동강을 통한 비화가야와 왜의 교역활동을 상징하는 것으로, 비화가야양식 토기가 동해와 세토나이해에 연한 일본열도에서 출토되는 것에서도 그러하다. 또한 창녕양식 토기는 진해만, 통영, 마산만, 덕동만, 여수, 장흥, 해남일대에서 철정과 공반되고 있어 마한지역과 철소재를 매개로 한 관계망이 존재하였음을 알 수 있다. 풍납토성과 몽촌토성에서 출토된 것은 그 관계망이 백제 도성까지도 포함하였음을 짐작할 수 있다. 국제적인 철소재 교역거점인 계성리취락유적은 그 중심시기가 4세기 후엽인 점으로 볼 때 아직 조사가 이루어지지 않았으나 계성리고분군에 이 시기 왕묘가 존재할 가능성을 유추할 수 있으며 남부 계성리일대가 비화가야의 중심지였음을 방증한다. 5세기 전반 거대한 고총군을 형성한 계남리고분군의 축조는 비화가야의 왜, 가야, 마한, 백제와의 철소재의 교역을 배경으로 한 것임을 알 수 있다.

비화가야의 범위는 자연지형, 고분과 토기양식의 분포로 볼 때, 서쪽과 남쪽은 낙동강에, 동쪽은 산지에 면하고 있으며 북쪽은 현풍지역을 관류하는 차천과 우포늪을 거쳐 낙동강에 합류하는 토평천의 분수계를 이루는 현풍 정녕리와 창녕 섭이리 일대의 현재 도계道界를 형성하는 나지막한 산지로 파악된다. 그런데 문제가 되는 것은 창녕지역과 현풍, 청도지역과의 관계이다.

현풍지역은 앞에서 언급한『삼국사기』지리지에 창녕지역의 영현領縣으로 기록된 것에 근거하여 창녕지역 정치체의 하부 단위로 보는 견해(이희준 1998b: 218-219)가 주류이지만, 이 지역은 8기의 직경 30m급 봉토분을 정점으로 하는 양리고분군이 존재하고 있으며 주변의 대구, 고령, 창녕지역과 구별되는 토기 양식으로 볼 때 주변지역 특히 창녕지역과 구분되는 독자적인 정치체로 판단된다(박천수 2000c).

흥미로운 점은 이와 같이 창녕지역은 북쪽의 현풍지역과는 낮은 산지를 사이에 두고 토기양식이 전혀 다른데 비해 동쪽의 청도 이서지구와는 높은 산지를 사이에 두고 있지만, 토기양식이 1세기 이상 동일하다는 점이다. 그래서 앞에서 언급한 바와 같이 비화가야의 범위에 현풍지역은 포함할 수 없고 청도천수계의 이서지역은 포함되는 것이다.

그런데 문헌사학에서는 영산과 계성지역을 포함한 창녕 남부를 교동을 중심으로 한 북부와 다른 국으로 분리하여 보는 경향이 매우 강하다. 필자는 앞에서 언급한 바와 같이 창녕 남부도 동일한 비화가야로 본다. 이에 대해 자세히 논박하자면 다음과 같다.

김태식은 『일본서기』 흠명欽明기에 보이는 탁기탄啄己呑에 대하여 고령과 경주사이에 위치한 점, 남가라와 탁순보다 먼저 신라에 멸망한 점, 대가야가 축성하였다는 마차해麻且奚, 추봉推封의 추봉을 밀양으로 비정하고 있는 점 등을 들며 그 위치가 지금의 창녕 영산면 일대, 혹은 경남 밀양으로 보았다(김태식 1993: 188). 즉 북부의 교동주변을 비사벌로 보고 남부의 영산을 탁기탄으로 본 것이다. 이 견해는 이후에도 문헌사학자들(백승충 2011)에게 널리 수용되었다.

그러나 필자는 영산을 탁기탄으로 비정하는 주장에 전혀 수긍할 수 없다. 왜냐하면 창녕지역은 영산을 포함한 계성을 중심으로 한 남부와 교동을 중심으로 한 북부로 구분되며 4~5세기 전반에는 그 중심지가 남부에 있다가 이후 북부로 옮겨진다. 그럼에도 양자는 별개의 집단이긴 하나, 백년이상 토기와 철제품, 금공품 등의 양식이 동일하다. 이처럼 고고자료의 양상 볼 때 도저히 다른 국으로 비정할 수 없다. 또한 결정적으로 비화가야는 『일본서기』 신공神功 49년조 즉 369년의 가라7국 기사에 비자발로 호칭되고 있다. 그런데 여기에 보이는 4세기의 비자발은 5세기 후반이 되어서야 본격적으로 고총이 축조되는 북부의 교동고분군 축조세력으로 볼 수 없으며, 5세기 전반에 고총이 조영되는 남부의 계성고분군 축조세력이야말로 이에 해당한다. 따라서 당연히 남부의 영산, 계성지역은 비자발, 즉 비화가야이며 탁기탄으로 비정할 수 없다.

그리고 김태식은 합천의 쌍책지역은 다라국, 초계지역은 산반해散半奚국으로 각각 비정하고 있다. 초계지역을 산반해국으로 비정한 것은 단지 초팔혜=사팔해라는 음사에 의한 것이다. 산반해국은 『일본서기』 흠명 2년(541)과 5년(544)조의 소위 임나부흥회의에도 참가하는 가야의 유력 소국이다. 그런데 김태식이 다라국으로 본 쌍책지역은 황강에 면한 범람원으로 왕성과 왕묘역만이 존재하며, 일반성원의 주거지역과 농경지가 위치하는 곳은 황강의 남안에 접한 초계분지이다. 초계분지에는 가야 소국의 중심지에 보이는 왕성과 왕묘역이 보이지 않는다. 그래서 필자는 다라국의 영역을 쌍책과 초계분지를 결합한 지역으로 보았다(박천수 2000b).

 이와 같이 가야 소국의 위치 비정에는 반드시 지명의 음사와 함께 왕성, 왕묘역과 같은 고고유적의 분포양상을 같이 고려할 것이다.

Ⅳ. 유적

1. 남부

1) 영산고분군(김찬영 2019)

영산고분군은 창녕군 영산면 동리 및 죽사리 일원에 분포하고 있는 고분군이다. 일제강점기인 1917년(9월 23일) 이마니시 류今西龍의 조사로 창녕·영산지역이 조사되어 '영산읍남고분군靈山邑南古墳群'이 학계에 처음으로 보고되었다. 당시 보고에는 8기의 고분이 도로를 중심으로 분포하며, 대부분의 고분이 도굴·파괴된 것으로 보았다.

일제강점기 이후 영산고분군은 해방과 한국전쟁의 여파로 기억 속에서 잊혔다가 1963년(약 20기)과 1977년(약 10기)에 『경상남도지』에 간략하게 소개되면서 다시 알려졌다. 1985년에는 동아대학교박물관이 진행한 지표조사로 『가야문화권유적정밀조사보고서-경남 창녕군-』발간되었고, 이 과정에서 영산고분군은 '동리고분군'과 '죽사리고분군'으로 범위가 분리되었다. 당시 보고자는 동리고분군에서는 10기 고분을 확인하였고 자세한 구조는 알 수 없지만 채집유물을 통해 계성고분군桂城古墳群과 동일한 성격의 고분군일 가능성을 언급하였다. 죽사리고분군에는 3~4기 고분이 남아 있는데, 모두 도굴되었고 일부는 변전소 건설로 파괴된 것으로 추정하였다. 특히, 고분 구조는 알 수 없지만 인접한 계성고분군과 교동고분군으로 볼 때 횡혈식 또는 횡구식의 가야 후기에 속하는 고분으로 보고하였다.

2010년 1월에 비로소 영산고분군 최초의 발굴조사(현 영산도서관 부지)

가 이루어졌다. '창녕 동리유적'으로, 목곽묘 6기와 석곽묘 5기(고분 11기)가 확인되었다. 이 조사는 비록 영산고분군의 북서쪽 분포범위 일부에 대한 조사였으나, 영산고분군의 조영시기 등을 구체적으로 규명할 수 있는 첫 사례였다. 이 발굴조사로 이 유적이 5세기 중엽의 5호 목곽묘를 전후한 시기에 조영된 것으로 밝혀졌으며, 종래 논란이 되었던 5세기 전반의 비화가야양식토기가 확인되었고 경갑, 마구, 무구, 무기가 다수 출토되었다.

2010년 6월에는 영산고분군 유적정비사업의 일환으로 국립가야문화재연구소에서 기존 41호분을 포함한 주변부지 일대에 대한 발굴조사가 있었다. 조사결과, 기존에 영산1호분으로 알려진 봉토분 1기와 주변에 분포하는 중소형 석곽묘 10기, 석실묘 1기 등 총 12기의 고분이 확인되었다. 영산1호분은 기존 지표조사에서 41호분으로 보고된 것으로 이마니시 류가 보고한 7호분으로 추정된다.

영산1호분은 출토유물로 볼 때 5세기 중엽에 축조된 것으로, 그 주변으로는 석곽묘 10기와 석실묘 1기가 확인되었다. 국립가야문화재연구소의 발굴조사로 이 유적은 5세기 중엽~6세기 중엽에 걸쳐서 조영된 것임이 밝혀졌다.

이상과 같이 영산고분군의 고고학적 조사는 일제강점기 이후 지표조사를 통한 현황파악과 주변 채집유물을 인근 고분군의 출토유물과 비교하는 정도에 그쳤으나, 2010년에 이르러 한겨레문화재연구원과 국립가야문화재연구소의 본격적인 발굴조사가 진행되면서, 목곽묘 단계(5세기 초 전후)에서 석실묘 단계(6세기 중엽)의 다양한 묘제를 사용하여 고분군 조영이 이루어졌음을 알 수 있다.

2018, 2019년 두류문화연구원의 정밀지표조사 결과, 함박산의 남쪽에서 내려오는 여러 능선의 말단부 위에 96기의 삼국시대 봉토분이 존재하고 있음을 확인하였다. 이중 일제강점기 이래 매장문화재조사로 알려진 봉토분 41기외에 이번 조사로 중·소규모의 봉토분 55기의 존재가 새롭게 확인되었다. 봉토분의 규모는 직경 4.5~22m 잔존 높이 1~4m 내외의 중·소형

분이다.

　이 고분군에서 봉토 직경 10m 미만의 소형분이 대다수를 차지하고 있으며, 봉토 직경 10~20m 내외의 중형분은 소수에 불과하다. 인근 계성고분군에서 25~30m 이상의 대형분 9기가 확인된 사례와 비교한다면 규모면에서 상당한 격차가 보인다. 봉토분은 남쪽·남동쪽 일대에 조영되었고, 각 가지 능선을 따라 일정 간격을 두고 열상으로 분포하는 점이 가장 큰 특징이다. 봉토의 규모와 지형으로 볼 때 중형분은 비교적 넓고 평평한 정선부에 축조되고, 소형분은 중형급보다 상대적으로 입지가 좋지 않은 사면 등에 축조되는 경향이 있다. 봉토분의 외형은 대부분 단분單墳으로, 연접상태가 확인되는 사례는 5기에 불과하다. 호석이 확인되는 고분은 17기이며 기저부에 일부 남아 있는 경우가 대부분이다. 호석은 중형분 2기를 제외하고는 대부분 직경 7m 내외의 소형분에서 확인되었다.

(1) 동리고분군(도 Ⅳ-1, 2)

이 고분군은 함박산의 서쪽 가지능선으로 뻗은 구릉의 말단부와 기존 영산고분군으로 보고된 구릉의 서남쪽 골짜기 부분에 위치한다. 이 고분군은 기존에 보고된 영산고분군과 같은 유적이다. 2010년 한겨레문화재연구원에 의해 발굴조사가 실시되었으며, 조사 결과 목관묘 6기, 수혈식석곽묘 5기가 확인되었다. 이 고분군은 2개 지구(Ⅰ·Ⅱ)로 구분하여 조사되었는데, 목곽묘는 Ⅰ지구에서 2기, Ⅱ지구에서 4기, 석곽묘는 모두 Ⅰ지구에 분포하고 있다. Ⅰ지구는 중앙 골짜기와 그 양쪽 구릉 사이에 형성되어 있는 구릉 평탄면상에 입지하고 있는데, 좁은 곡부평탄면이라는 지형조건의 제약으로 석곽묘는 열상으로 배치되는 양상이다. 또한 목곽묘는 Ⅱ지구와 연결되는 곡부 구릉하단부에 조성되는 배치 양상을 보이고 있다. Ⅱ지구에서 조사된 고분은 Ⅰ지구와 같은 곡부평탄면상에 조영된 것이나 조사지역의 서쪽에 관입 곡류하는 영산천으로 이어지는 구릉 말단부에 입지한다.

　5세기 초에 조영된 7호목관묘는 구릉 말단부에 위치하며 규모는 길

도 Ⅳ-1 동리고분군

1: 7호목곽묘 ｜ 2: 5호목곽묘

이 3m, 폭 0.95m이다. 부장품은 동단벽, 서단벽에서는 상하일렬투창고배와 단추형 손잡이를 가진 개 등의 토기류가 출토되었으며, 목곽의 중앙 바닥에서는 철기류가 소량 확인된다.

5세기 전엽에 조영된 3묘는 Ⅰ지구 북쪽 구릉의 중앙부에 위치하며 석곽의 규모는 길이 3.4m, 폭 1.2m 정도로 중형급에 속한다. 석곽 안에서 소형 꺾쇠, 보강석 등의 양상으로 보아 석곽 안에 목관을 안치하였음을 알 수 있다. 동쪽 단벽쪽에 주 부장 공간을 두고 토기를 부장하고 철기류는 소량만 확인된다. 토기류는 상하일렬투창고배와 단추형 손잡이를 가진 개, 그리고 상하교호투창고배와 신식의 대각 도치형 손잡이를 가진 개 등이 확인된다.

5세기 중엽에 조영된 5호목곽묘는 이 고분군에서 확인된 고분 중 규모가 가장 큰 것으로 Ⅰ지구 남서쪽에 위치하며, 동일 묘광에 주곽과 부곽을 함께 설치한 동혈주부곽식 목곽묘이다. 이 고분에서 출토된 고배는 이단교호투창고배이지만, 고배의 뚜껑받이턱이 돌출된 고식이고, 목심철판

도 Ⅳ-2-1 동리고분군 출토토기

도 Ⅳ-2-2　동리고분군 출토유물

피등자와 심엽형행엽 등의 마구도 고식인 점으로 볼 때, 축조시기는 5세기 전엽에 가까운 것으로 생각된다. 주곽은 남쪽에 위치하며 규모는 길이 3m, 폭 1.5m, 잔존높이 약 50cm이다. 주곽에서 출토된 유물 중 토기류는 대부분 남단벽 쪽에서 출토되고 있으며 철기류 및 유자이기, 금제 소환이식 등 기타 유물은 주곽 중앙부에서 출토되었다. 남단벽과 북단벽 쪽에서 출토된 꺾쇠로 볼 때 목관을 안치하였을 가능성이 있다. 부곽은 주곽의 북쪽에 위치하며 규모는 길이 0.9m, 너비 1.4m이다. 부곽에 부장된 유물은 경갑, 찰갑 등 무구류와 등자, 재갈 등 마구류가 확인되고 있다.

동리고분군의 5호 목곽묘를 제외한 나머지 고분은 토기류에 비해 철기류의 출토량이 현저히 적은 양상을 보이고 있다. 5호 목곽묘에서는 금제 소환이식, 금동제 시통矢筒과 철제 갑주, 재갈, 행엽, 등자 등이 다수 출토되었다. 이 고분은 5세기 중엽이나 전엽에 가까운 시기에 조영되었으며 하위 수장묘임에도 불구하고 갑주, 무기, 마구류가 다수 부장된 점에서 아직 조사되지 않은 5세기 전엽의 상위 수장묘의 위상을 짐작할 수 있다.

그리고 5호 목곽묘에서 출토된 목심철판등자 등의 마구류는 그 형식으로 볼 때 경주지역산이다. 옥전고분군 출토 마구류와 유사한 점에서 남부지역의 관문에 해당하는 영산지역을 경유하여 신라마구가 다라국에 이입된 것으로 판단된다.

동리고분군은 5세기 중엽전후 목곽묘-석곽묘의 묘제의 변화를 잘 보여주고 있다. 특히 5호 목곽묘는 고총단계 이전의 영산지역 수장묘로 생각된다.

(2) 영산1호분(도 Ⅳ-3)

이 고분은 영산면 동리 242-5번지 일원에 위치한다. 함박산의 남쪽으로 내려오는 여러 능선 중 남서쪽 능선의 최말단부에 입지한다. 경작과 도굴로 인해 원형이 훼손되었다. 고분은 잔존 직경 15m, 잔존 높이 2.9m의 평면 타원형을 띠는 중형분으로, 발굴조사를 통해 성토과정에서 다량의 석재를

도 Ⅳ-3-1 창녕 영산1호분

사용하여 축조하였음을 밝혀졌다.

매장주체부는 장축 4.5m, 단축 1.2m, 높이 1.6m로 세장방형 수혈식석곽이다. 개석은 대형 할석 5매를 사용하였고 벽석은 대체로 30cm 내외의 할석으로 횡평적하였다.

석곽의 바닥 전면에 걸쳐서 길이 3m, 폭 1m의 관대를 마련하였다. 석곽 중앙에서 북쪽으로 약간 치우친 길이 약 2m의 공간은 비교적 큰 할석을 깔았으며 주 피장자 공간으로 생각된다. 그 남쪽과 북쪽에 중·소형의 천석과 할석을 깔았는데, 순장자와 부장품 공간으로 보인다. 주피장자의 관대는 도굴로 교란되었지만 관대 상면에 꺾쇠가 다수 확인되고 있어 목곽과 함께 목관이 설치되었을 것으로 생각된다. 주피장자의 머리쪽에는 연질소호와 같은 토기류와 도자편 등이 남아 있었으며, 다리 부분인 남쪽 부장공간에는 사선방향으로 유개고배, 발형기대 등 토기류 및 재갈, 행엽 등 마구류, 철정을 비롯한 철기류와 함께 순장인골이 확인되었다. 공간을 고려하면 순장인은 1인으로 판단된다.

영산1호분은 상하교호투창고배와 대각도치형 손잡이를 가진 개가 출

도 Ⅳ-3-2 창녕 영산1호분 출토 유물

토된 점으로 보아 5세기 중엽에 축조된 것으로 생각되며 영산고분군 내 봉토분의 규모 등을 볼 때, 이 고분군 축조집단의 수장급 무덤으로 볼 수 있다.

북쪽에 위치한 1-1묘는 1호분 봉토와 연접되어 후축되었다. 석곽은 장벽 3.4m, 단벽 80cm, 잔존높이 80cm이며 등고선과 나란하게 조성되었다. 벽석은 대체로 20~30cm의 할석으로 횡평적하였고, 시상은 서벽에서 동벽까지 판석을 이용하여 조성하였으며 토기가 양쪽 끝부분에 부장되어 있다. 서편 시상석 상부에 금동제 이식, 장벽에 철촉과 철도자편이 출토되었다. 1-1묘 또한 영산1호분에 후축되었지만, 출토된 토기형식이 동일한 점에서 영산1호분과 거의 같은 시기에 축조된 무덤으로 생각된다.

11호횡구식석실묘는 부장된 단각고배, 보주형 뚜껑, 부가구연장경호 등의 신라토기로 볼 때 6세기 중엽 전후에 축조된 것이다. 특히, 추가장된 것으로 판단되는 여성(65세 전후)의 인골이 확인되었는데, 인골 주변에서 조류의 뼈가 다수 확인되어 당시 매장의례를 유추할 수 있다.

2) 계성고분군(도 Ⅳ-4, 5)

이 고분군은 창녕군 계성면 사리, 명리 일대에 분포한다. 해발 613.5m의 영취산에서 서쪽으로 뻗어 내린 구릉에 입지하며, 북서쪽에는 북동에서 남서로 흘러드는 낙동강의 지류인 계성천과 이 하천으로 인해 형성된 넓은 충적대지가 있다. 충적대지와 접하여 이 일대에는 해발 100m 미만의 낮은 구릉 위에는 계남리고분군이 조성되어 있다. 두 고분군을 합쳐서 계성고분군으로 부른다.

계성고분군은 1917년 이마니시 류에 의해 처음 보고되었고, 1967년 문화재관리국 주관으로 최초의 발굴조사가 이루어졌다. 이후 1968년 영남대학교박물관에서 1호분과 4호분 발굴조사를 실시하였다. 1976년 구마고속도로 건설공사에 동반하여 한성여대, 동아대박물관이 발굴조사하였고, 1998, 1999년에는 국도 5호선 확장공사에 동반하여 경남고고학연구소, 호

도 Ⅳ-4　창녕 계성고분군

도 Ⅳ-5 창녕 계남리고분군

암미술관이 총 세 차례 구제발굴조사하였다. 그 외에도 1994년 부산대학교박물관에서 계성A지구 및 B지구 고분군의 발굴조사를 실시하였다. 계성고분군은 1974년 경상남도 기념물 제3호로 지정된 후, 2019년 2월 사적 제547호로 승격되었다.

창녕군에서는 계성고분군의 성격을 규명하고, 봉분의 훼손이 심각한 대형 봉토분들을 복원 정비하고자 2013년 계남리2, 3호분에 대한 발굴조사를 실시하였다. 조사는 경남발전연구원 역사문화센터에서 담당하였다.

2012년 계성고분군 분포조사로 확인된 봉토분은 모두 261기이며, 직경 20m 이상의 대형급도 10여 기에 달한다. 구릉의 연결 상태와 곡부를 기준으로 고분군의 분포현황을 분석하면, 계성고분군의 분포를 Ⅰ~Ⅴ군으로 구분해 볼 수 있다. 고고자료와 분포상황으로 볼 때 고분군의 축조순서는 Ⅰ군, Ⅱ군, Ⅲ·Ⅳ군, Ⅴ군 순으로 축조된 것으로 보인다. 여기서 Ⅰ군, Ⅱ군은 기존의 계남리고분군이다.

Ⅰ군은 몇 개의 가지능선으로 이루어져 있고 구릉 정상부의 고총을 중심으로 구릉 사면에 중·소형분들이 밀집되어 조영된 것이 특징이다. Ⅰ군에서 직경 20m 이상 대형급 고분에 해당하는 고분은 7기이며, 그 중에서 가장 규모가 큰 것은 2호분으로 직경이 36.4m에 달한다. 시기가 늦은 교동·송현동 고분군에서 가장 큰 교동Ⅱ군10호분의 봉분 직경이 42m라는 점으로 볼 때, 계성고분군은 교동, 송현동 고분군과 비교해도 규모면에서 큰 손색이 없고 오히려 대형분의 군집도는 계성고분군이 더 높다. 이런 점에서 4세기~5세기 전반에는 계성고분군이 조영된 이 지역이 비화가야의 중심지역이이었음을 알 수 있다.

Ⅱ군은 1967년 문화재관리국에서 조사한 북5호분을 포함한 계남마을 동편 구릉에 조성된 고분군이다. 복원된 3기의 봉토분과 구릉 정상부에 축조된 중·소형급 고분 10여기가 이곳에서 확인되었다.

Ⅲ군은 Ⅱ군의 동쪽에 위치한 작은 구릉으로, 구릉 정상부와 곡부에 중·소형분들이 밀집되어 조성되었음이 밝혀졌고, Ⅰ군에 비하면 고총의 숫

자도 적고 규모도 작은 편이다. 1976년에 실시한 경상남도 조사 당시, C지구와 B지구, 1999년 경남고고학연구소 조사 Ⅰ지구와 호암미술관 조사 Ⅱ지구 등이 Ⅲ군에 해당한다. 구릉 정상부에서 조사된 봉토분은 6세기 전엽으로 편년되며, 구릉 사면과 곡부에서 조사된 소형분들은 6세기 후엽전후로 편년된다.

　Ⅳ군은 1976년 한성여대, 동아대학교박물관 조사 당시의 A지구이며, 1999년 경남고고학연구소에서 조사한 Ⅲ지구가 해당된다. 영취산 산록에서 계성천까지 길게 뻗어 내린 나지막한 구릉의 정상부에 봉토분들이 줄지어 축조되어 있고, 구릉 사면에 소형의 봉토분이 밀집분포하고 있다. 발굴조사된 고분은 6세기 후엽을 전후한 시기에 해당하는데 고분의 밀집도, 봉토분의 배열 양상, 축조시기로 보아 기존의 Ⅰ군의 수장층 묘역이 Ⅳ군으로 이동하였을 가능성이 크다. Ⅲ지구1호분은 입지, 규모, 부장품으로 볼 때 그 축조시기는 6세기 전엽으로 비화가야 최후의 수장묘로 파악된다.

　Ⅴ군은 계성고분군의 외곽 북동쪽 구릉에 분포하며 수기의 봉토분이 축조되어 있다. 1999~2000년에 걸쳐 호암미술관에서 두 기의 고분을 조사한 결과 봉분 직경 10m 내외의 평면 방형계의 횡구식석실묘로, 2~3차례 이상 추가장되었다. 묘제와 유물로 볼 때 축조시기는 6세기 전엽으로 추정된다.

(1) 계남리1호분(도 Ⅳ-6)

이 고분은 계성천이 인접한 구릉 정상부에서 서쪽으로 뻗은 구릉 정상부에 있다. 1호분의 북쪽으로 50m 떨어진 곳에 4호분이 있으며, 서쪽의 경사면에는 2, 3, 5, 6, 7호분이 있다. 1호분은 1968년 8월 1일부터 30일까지 발굴조사하였다. 고분은 구릉 능선의 돌출된 지형을 이용하여 축조하였으며 직경 26m, 높이 5.5m이다.

　봉분은 흙으로 쌓아올렸는데, 주변의 기반토를 삭토하여 더욱 고대하게 보이는 효과를 노렸다. 목곽의 주축 방향은 동서향이다.

석곽은 천석川石으로 축조했으며 규모는 길이 10m, 너비 2.6m이다. 석곽 중간에 돌로 격벽을 설치하여 주곽과 부곽으로 나누었으며 석곽의 바깥쪽에는 2~3겹으로 천석을 채워 보강하였다.

  주곽은 동쪽에 두었는데, 길이 6m, 폭 2.6m, 높이 2.3m이다. 바닥은 네 벽을 따라 30cm의 너비를 두고 그 안쪽에 납작한 돌을 깔았다. 벽과 바닥 돌 사이의 공간과 꺾쇠 등이 출토되었으며 천장은 목개를 한 것으로 추정된다. 동쪽에서 금동제 관, 서쪽에서는 금제 수식부이식, 은제 대장식금구 등이 출토되어 피장자의 머리방향이 동쪽임을 알 수 있다. 피장자가 안치된 공간의 가운데 일부 바닥돌은 납작하고 다른 돌보다 큰 것이 특징이다. 이 부분의 동쪽에 피장자의 머리를 두고 그 위쪽에 유물이 집중 부장되었다.

  부곽은 주곽의 서쪽 경사면에 두었으며 규모는 길이 4.5m, 폭 2.4m, 높이 1.9m로 주곽보다 전체적으로 작다. 부곽 서쪽에는 대호와 옹과 같은 토기류, 동쪽에는 마구, 철부, 철겸, 철정 등의 철기류가 부장되었다. 동쪽의 빈 공간은 순장자가 안치된 공간으로 보기도 한다. 이 고분의 구조에 대해서 다음과 같은 견해가 있다.

  조영현은 구 지면 위에 주석실(곽)이 들어가는 부분에 목곽을 먼저 설치하고, 그 벽면에 덧대어 천석을 이용해 석실을 축조하였으며, 작업공정에 필요한 공지空地를 서남단벽에 둔 것으로 보았다. 그리고 격벽을 설치하고 부곽을 석축만으로 쌓았다. 목곽의 두께를 제외한 실내 폭은 목곽을 두지 않은 부장곽의 그것과 같다는 점에서 주곽과 부곽을 같은 폭으로 한 기획을 엿볼 수 있다고 하였으며 이러한 구조를 위석식석실(곽)이라 하였다(조영현 2006: 153).

  홍보식은 계남리1호분의 벽석이 구축상태가 엉성함에도 높이가 2.3m에 달하며 벽체에 사용한 각 개별 석재의 내면이 정연하고 매장주체부의 네 모서리가 각을 이루고 있어 목곽 뒤쪽에 채움을 한 충전석의 함몰양상과는 다른 양상으로 보았다. 그리고 부곽은 부장품이 벽에 접해있는 것에

도 Ⅳ-6-1 계남리1호분

1, 2: 영남대학교박물관

서 목곽이 설치되지 않았음에도 벽체가 수직상태로 정연하게 유지되고 있는 점에 주목하였다. 그래서 목곽이 설치된 수혈식석곽으로 보았다(홍보식 2011: 106-107).

정인태는 계남리1, 2, 3, 4호분의 벽체를 '목판'을 이용하여 축조했다고 보고, 이 시설은 교동Ⅱ군3호분의 목주+횡목시설과 같은 매장주체부 축조를 위한 보조시설의 일종으로 생각하였다. 계남리1, 4호분의 바닥 가장자리의 빈공간을 '목곽'의 흔적으로 언급하고 있으나, 계남리2, 3호분, 영산1호분 조사를 통해 묘광 바닥인 암반면과 시상석 사이에 목재, 부식토가 없어, 다른 시설이 있었을 만한 근거가 없고, 목개가 별도로 설치된 점을 볼 때도 벽면에만 설치된 '목판'일 가능성이 크다고 하였다. 즉 목곽이

도 Ⅳ-6-2　계남리1호분 출토유물

설치되지 않은 수혈식석곽분으로 보았다(정인태 2019: 72).

　　이 고분은 부곽을 목곽 없이 축조한 점에서 주곽도 목곽을 먼저 설치하지 않고 석곽을 축조하는 기술 수준에 도달했다고 본다. 그래서 위석식석실로 보기 어렵고 바닥에 목곽의 흔적이 보이지 않고 목개가 있는 점에서 목곽이 설치되지 않은 수혈식석곽으로 보는 견해가 타당하다고 본다. 이하 2, 3, 4, 북5호분도 같은 구조로 생각된다.

　　이 고분은 입지, 규모와 금동제 관, 금제 수식부이식, 은제 대장식구, 철제 살포, 철제 모와 창 등으로 볼 때 5세기 중엽에 축조된 비화가야의 왕묘로 생각된다.

(2) 계남리4호분(도 Ⅳ-7)

이 고분은 계남리고분군이 있는 구릉 정상부에서 서쪽으로 뻗은 작은 구릉 정상부 가까운 곳에 축조되었으며, 남쪽으로 50m 떨어진 곳에 1호분이 있

도 Ⅳ-7 계남리4호분과 출토유물

1, 2: 영남대학교박물관 1991 | 3, 4: 국립김해박물관

다. 4호분은 1969년 10월 18일부터 11월 19일까지 발굴조사되었다.

고분은 직경 21m, 높이 3.5m의 원지반편과 흙으로 쌓아올려 봉분을 축조하였다. 매장주체부인 수혈식석곽의 주축 방향은 남북향이다. 남북으로 긴 장방형의 묘광을 파고 그 안에 천석川石으로 쌓았다. 남쪽에 세로로 긴 장방형의 주곽을 배치하고, 북쪽에 가로로 긴 부곽을 배치하여 묘곽 평면 형태가 'T'자형을 이룬다. 주곽과 부곽의 경계에는 폭 50cm의 돌로 격벽을 설치하여 주곽과 부곽으로 나누었으며 천장은 목개인 것으로 보인다. 석곽의 바깥쪽에는 4~5겹으로 천석을 두텁게 채워 보강하였다.

주곽은 남쪽에 있으며 길이 6.1m, 너비 2.4m, 높이 2m이다. 남쪽과 북쪽 벽의 중앙부는 폭이 1m 정도 튀어나와 평면 '凸'상이다. 바닥은 네 벽을 따라 약간의 너비를 두고, 그 안쪽에 납작한 돌을 깔았는데, 너비 15cm 정도 등 간격으로 두 군데에 돌을 깔지 않아 3등분하였다. 돌이 깔리지 않는 바닥에는 나무를 놓았을 것으로 추정된다. 바닥과 벽에 나무를 설치한 예는 교동Ⅱ군3호분에서 확인되었다. 중앙부의 바닥돌 남쪽에서 금제 소환이식과 경식이 나오고, 그 남쪽의 바닥에는 토기와 철제 무기류, 마구가 부장되었다. 이식과 경식의 출토 위치로 볼 때 두향은 남쪽이다.

부곽은 주곽의 서쪽 경사면에 설치되었는데, 길이 3.3m, 너비 2m, 높이 1.8m이다. 주곽보다 너비가 좁고 깊이도 얕다. 토기는 바닥 서쪽과 동쪽에 나누어 부장하였고, 가운데에는 마구와 농공구 등을 부장하였다.

출토유물로 볼 때 계남리4호분은 1호분과 시기차가 보이지 않는다. 또 금동제 관, 금제 수식부이식이 출토된 1호분과는 달리, 이 고분에서는 금동제 관과 대장식금구가 출토되지 않고, 소환이식 1쌍과 경식이 출토되었다. 이런 점에서 계남리 4호분 피장자는 계남리 1호분 피장자보다 하위 위계의 인물로 보인다.

(3) 계남리북5호분(도 Ⅳ-8)

이 고분은 1호분과 4호분에서 동북쪽으로 계곡을 사이에 두고 약 300m 떨

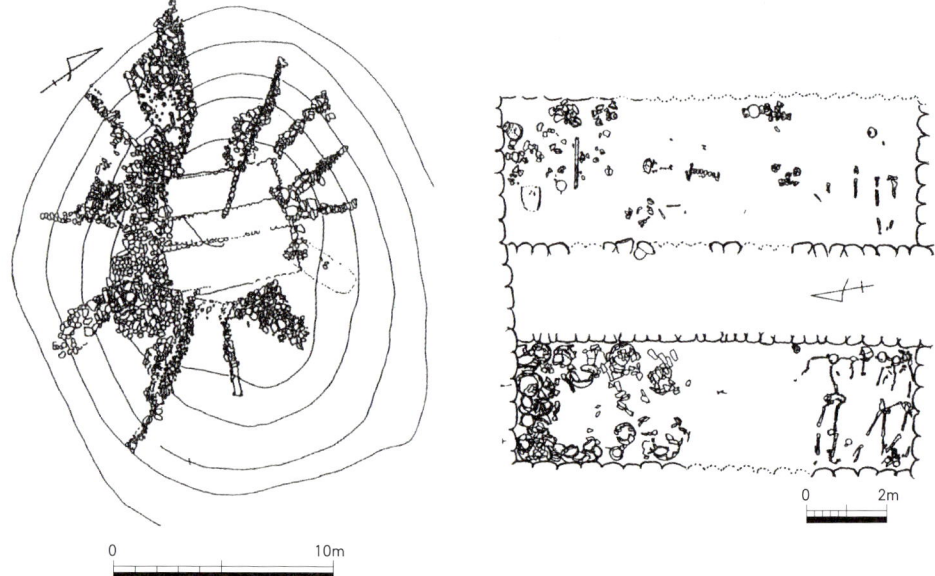

도 Ⅳ-8-1 계남리북5호분(조영현 2006)

어진 하위능선의 척부를 따라 열상으로 분포하는 큰 고총들 가운데 끝에서 두 번째에 위치한다. 1967년 문화재관리국이 발굴조사하였다.

봉분 직경 27.7m, 높이 5.5m의 평면원형의 봉토분으로, 봉분의 표토 아래의 90cm부터 4m까지 자갈층으로 이루어져 있고, 이 층의 1.5~2m 깊이에서부터 판상석의 적석층이 보인다. 적석층은 석실의 외벽으로부터 외측을 향해 방사상으로 존재한다. 보고서에서는 이를 '적석골근積石骨筋'으로 명칭하였는데 모두 12개로 이루어져 있다. 이 시설은 북5호분조사 이후 교동고분군, 성주 성산동고분군, 대구 성산동1호분 등의 봉토분에서 밝혀진 구획성토석렬로 파악된다. 석렬의 너비는 0.5~2.2m, 높이 1m로 작업구간을 표시하는 기능을 하면서 봉분의 유실도 방지하는 역할을 한 시설물로 판단된다.

매장주체부에 대해 보고서는 남벽의 무질서한 축조상태를 근거로, 남벽을 입구로 한 방형의 횡구식석실로 기술하였다. 석실은 지상식이며 봉분 중앙에서 서반부에 편재되어 있어 또 하나의 목곽의 존재 가능성을 언급하

도 Ⅳ-8-2 계남리북5호분 출토유물

였다. 그러나 이 고분의 매장주체부에 대해 병렬식의 주·부곽식 석곽으로 보고 있다.

따라서 주·부곽식의 석곽으로 보면, 동쪽의 주곽은 길이 7.1m, 너비 2.3m, 높이 2.8m이며, 서쪽의 부곽은 길이 5.5m, 너비 2m, 높이 2.8m가 된다. 북5호분은 이 목곽의 중간을 북벽에서 남벽까지 1.38m 너비의 부석층을 시설하여 목곽을 동구역과 서구역으로 양분하였고, 시신과 부장유물은 양 구역에 배치하였다. 시신의 위치와 부장유물의 종류로 볼 때, 동구역이 고분의 묘주를 위한 주곽으로 판단된다. 서구역의 부장품은 세 부분으로 나누어진 구역에 집중되어 있는데, 상부, 즉 북쪽에는 토기를 비롯한 유물군, 중부는 공지空地, 하부 즉 남부는 인골군으로 각각 구분된다. 중부의 공지는 도굴과 파괴로 인하여 부장품이 이미 유출되었기 때문에 생긴 공지로 생각된다. 주곽에서는 주피장자 주변으로 금동관 편 및 곡옥, 금제 태환이식, 은제 과대 등이 출토되었고, 은장환두대도 및 철도자 등 무기류와 안교 편 등 마구류 등도 출토되었다. 부곽에는 북편에 토기군을 위주로 배치하고 순장자 주변으로 금제 태환이식, 청동제 합, 운주, 철제재갈 등이 출토되었다.

고고자료로 볼 때 축조연대는 5세기 말~6세기 초로 추정된다. 주피장자는 주석곽의 중앙부 위치에 남-북 방향으로 배치되어 있고, 남쪽 족부쪽에 2인, 부곽에 3인의 피장자가 확인되었다. 보고서에서는 매장주체부를 석실로 판단하고 한 분구 내에 합장한 가족묘로 보고하였지만, 주·부곽식 석곽묘로 보면 5인은 순장된 것으로 보고있다.

이 고분의 피장자는 묘제가 계남리고분군의 특징적인 수혈식석곽묘이고, 금동관, 은장 환두대도가 출토된 점에서 5세기 말 남부지역 수장의 가계를 계승한 유력 수장으로 볼 수 있다.

(4) 계남리2호분(도 Ⅳ-9)

이 고분은 1호분의 서쪽에 위치한다. 2013년 경남발전연구원 역사문화센터가 발굴하였다. 복원을 전제로 전면조사를 실시하지 못하고 봉분과 매장주체부의 일부분을 조사하였다. 직경 36.4m, 높이 7.5m로 이 고분군 내 최대급 규모이다. 봉분 가장자리에서 추가 연접된 석곽 5기가 확인되었지만 동측 가장자리에 축조된 2기의 석곽이 조사되었다.

2호분의 봉분은 3단계의 과정을 거쳐 축조되었다. 1단계는 봉분 가장자리에 1차 호석과 적석으로 묘역을 정지하고, 동시에 석곽의 하단부 벽석을 축조하였다. 2단계는 지상으로 올라온 석곽의 벽석축조와 봉분성토를 동시에 진행하며 2차 호석을 축조하였다. 3단계는 매장완료 후에 목개를 덮고 봉분을 완성하였다. 봉분에는 구획 성토와 석렬이 확인된다.

호석은 경사가 급한 북쪽이 가장 유실이 많이 되었고, 서쪽부분은 형태를 알 수 있을 정도로 남아 있었다. 서쪽 호석은 직경 20~30cm의 냇돌을 주로 이용하였는데 경사면의 경우 암반을 폭 50cm 정도로 단을 지게 하였고, 계단상으로 굴지하여 상부와 하부의 석렬 높이를 맞추면서 쌓아올렸다. 동쪽 호석은 서쪽 호석에 보다 큰 할석으로 암갈색의 정지면부터 쌓아올렸다.

주구는 북쪽을 제외한 3면 호석 외곽에서 확인되었는데, 풍화암반을 깊이 20cm 가량 굴지한 형태이며 그 내부에는 암갈색의 점토가 채워져 있다. 서쪽 주구는 너비가 1.1m이며 동쪽 주구는 너비 50cm로 서쪽에 비해 좁다. 주구의 내부에서 토기편들이 출토되어 배수기능과 함께 제사 등의 의례가 행하여졌음을 짐작할 수 있다.

2호분의 매장주체부는 수혈식석곽으로 돌로 쌓은 주곽과 부곽의 경계에는 폭 1m의 돌로 격벽을 설치하여 주곽과 부곽을 나누었다. 전체 규모는 길이 9.8m, 폭 3.1m, 높이 2.5m이며 주곽은 길이 5.7m, 폭 2.8m, 부곽은 길이 3.1m, 폭 3.1m이다.

주곽 내에서 유물의 배치상태는 토기류는 동단벽쪽, 무기류와 마구류, 은제 쌍룡문요패장식구 등은 바닥 중앙에서 출토되었다. 특히 쌍룡문요패장식구의 위치로 보아 주 피장자의 두향은 서쪽으로 추정된다. 이 쌍

도 Ⅳ-9-1   계남리2호분

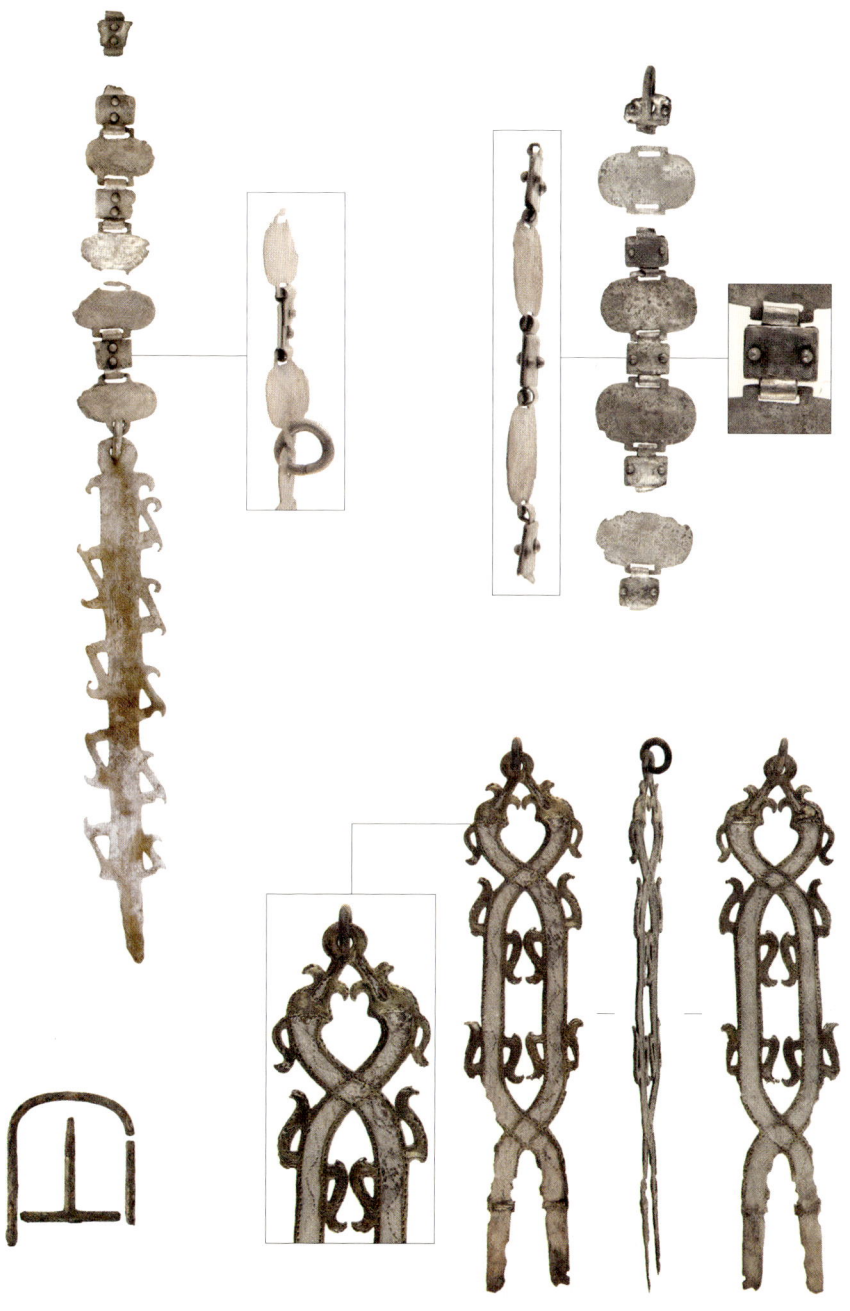

도 Ⅳ-9-2 계남리2호분 출토유물

도 Ⅳ-9-3 계남리2호분 출토유물

룡문요패장식은 황남대총남분, 금관총, 서봉총 등에서 출토되었는데, 계남리2호분 출토품이 가장 사실적으로 용머리·발 및 꼬리 등이 묘사되어 있다.

2호분에서는 제1관대에서 금동제 소환이식 1쌍과 1점, 개 2점, 소도자 1점이 출토되었고, 제2관대 아래서 금동제 세환이식 1쌍, 제3관대에서 석구 1점, 석실의 동장벽 사이의 공간에서 유대완 1점, 개 1점 등이 출토되었다.

(5) 계남리3호분(도 Ⅳ-10, 11)

이 고분은 2호분의 서쪽에 연접되었다. 2013년 경남발전연구원 역사문화센터가 발굴조사하였다.

봉분은 직경 30.2m, 높이 5.1m이며 4단계에 걸쳐 축조되었다. 1단계는 묘광을 굴착하고 묘역 가장자리에 1차 호석을 설치하고 그 바깥 경사면에 적석하여 보강하였다. 2단계는 지상화된 매장주체부의 벽석과 봉분의

도 Ⅳ-10 계남리3호분

도 Ⅳ-11-1 계남리3호분 출토유물

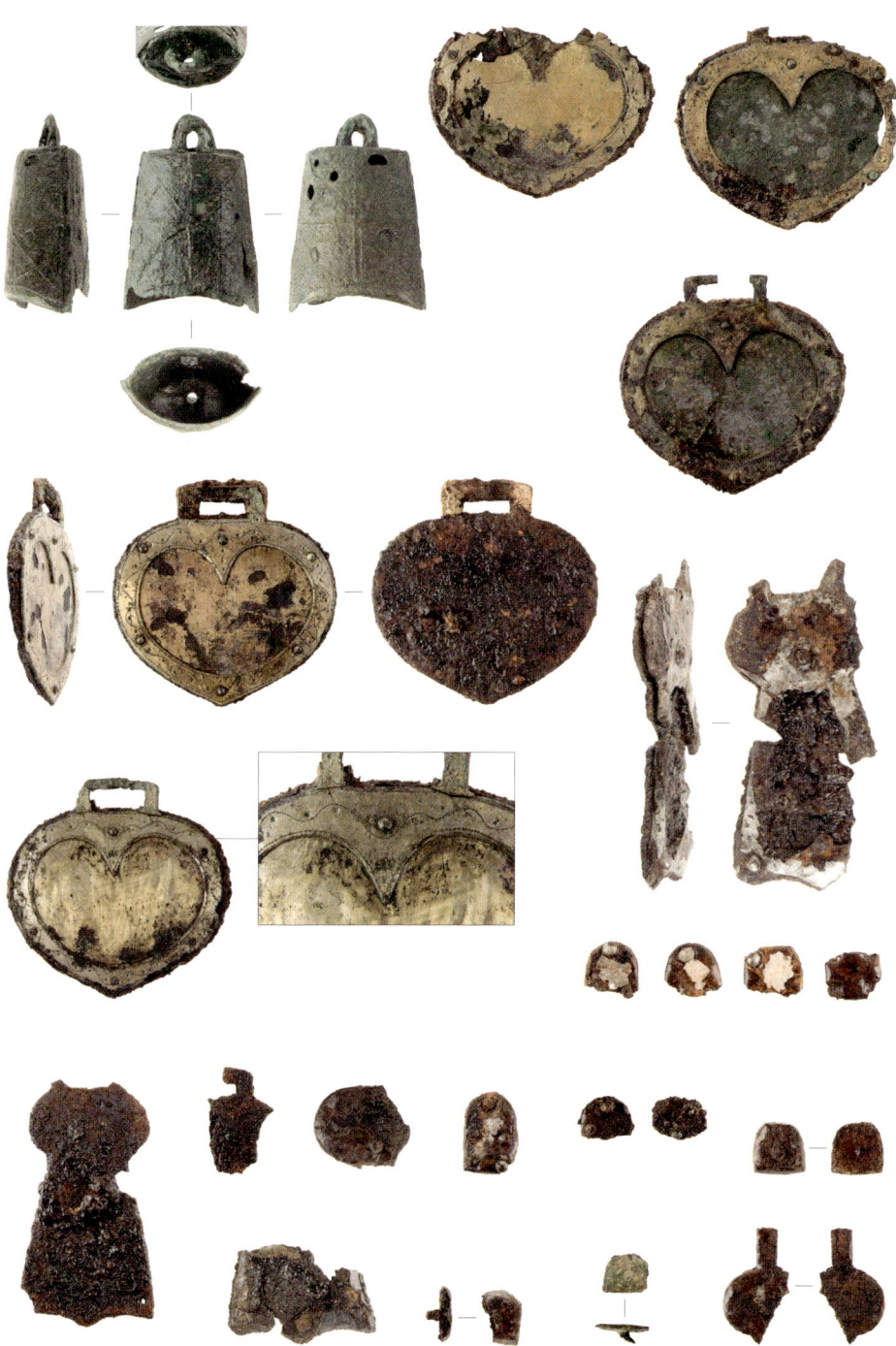

도 Ⅳ-11-2 계남리3호분 출토유물

성토가 동시에 이루어지는 단계로 봉분 가장자리에도 2차 호석이 설치된다. 3단계는 벽석 상단부 축조와 동시에 주변을 성토하고, 매장완료 이후 목개로 밀봉하고 난 후에 매장주체부 중심부를 성토하는 단계이다. 4단계는 묘역 전체를 감싸듯 성토하는 단계로 성토층과 다른 갈색점질토의 성토재를 사용하여 봉분을 밀봉하듯 피복하는 단계이다.

2호분의 매장주체부는 수혈식석곽으로 돌로 쌓은 주곽과 부곽의 경계에는 돌로 폭 90cm의 격벽을 설치하여 주곽과 부곽으로 나누었다. 전체 규모는 길이 8.9m, 폭 2.8m, 높이 2m이며 주곽은 길이 5.2m, 폭 2.8m, 부곽은 길이 2.8m, 폭 2.8m이다. 주곽 바닥에는 벽석과 시상석 사이의 홈이 관찰되며 꺾쇠도 출토되어 주곽 내에는 목곽을 설치하였던 것으로 파악된다. 부곽에는 유물의 출토양상을 통해 볼 때, 목곽을 시설하지 않았던 것으로 파악된다.

부장품은 주곽에서 유개고배, 개, 고배, 기대, 호, 환두대도, 살포, 철정, 철모, 유자이기, 철겸, 철촉, 도자, 경식이 출토되었고, 부곽에서는 개, 고배, 호와, 철촉, 대형과 소형철부, 행엽, 재갈, 안교, 등자, 마탁, 교구, 찰갑, 'U'자형삽날 등이 출토되었다.

2, 3호분은 봉분을 의도적으로 나란하게 배치한 것으로 보아 두 고분의 피장자는 서로 밀접한 관계의 인물로 추정된다. 2호분을 먼저 축조하고 3호분을 연접하여 축조하였으며 연접부에 점질토를 보강하여 고분을 완성하였다. 3호분은 봉분을 축조한 후 외곽을 따라 풍화암반층을 굴착하여 봉분을 더욱 고대하고 웅장하게 보이도록 하였다. 2, 3호분의 축조연대는 1, 4호분과 같은 5세기 중엽으로 편년된다.

(6) 계성A지구1호분(도 Ⅳ-12)

1976년 구마고속도로 건설공사로 인하여 한성여자대학교 박물관이 발굴조사하였다. 계성 A지구고분군은 계성면 사리 일대에 분포하고 있는데 A, B, C의 지구중 A지구가 가장 북쪽에 있다. A지구고분군은 영취산 정상에

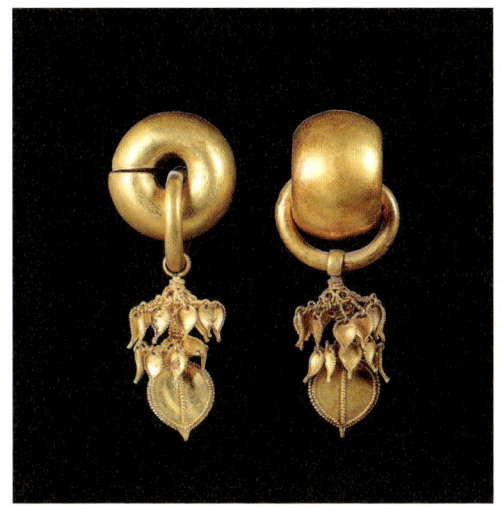 

도 Ⅳ-12　계성A지구1호분 출토유물

서 서쪽으로 길게 뻗은 능선의 하단부에 입지한다. 이 능선은 동서로 길게 연결된 낮은 구릉인데, 능선의 서쪽은 5번 국도건설로 단절되었다. 주변에는 몇 기의 큰 봉토분이 정상을 따라 일렬로 배치되어 있으며 발굴지점은 이 능선의 중앙부분에 해당한다. 1호분은 A지구의 정상부에 있으며 8기의 고분이 주위에 배치되어 있다.

1호분은 직경 15m, 높이 3m이며 높이 1m의 호석이 돌려져 있다. 매장주체부는 북동-서남향이 주축이며 서남쪽에 입구가 있는 횡구식석실이며 판석 6매를 개석으로 하여 석실을 덮었다.

석실의 바닥에는 천석을 깔고 판석으로 북쪽에 제1관대를 만들고, 남쪽에는 추가장 때 설치한 제2관대가 있다. 입구는 크고 작은 자갈로 채워 막았다.

부장품 출토현황은 다음과 같다. 제1관대에서는 두부가 있었던 북동쪽 단벽 부근에서 금동관편, 금제 수식부이식 2쌍, 오른쪽 팔목근처에서 은제 완식 1쌍과 옥류 6점, 금장 환두대도 2점이 출토되었다. 제2관대에서는 두부가 있었던 곳에는 장방형 두침이 있으며 허리부분에는 은제 대장식구가 출토되었다. 그 외 석실내에서 행엽, 재갈 등의 마구와 토기가 출토되었다.

이 고분은 6세기 전엽에 축조되었으며 제1관대에서 출토된 금제 수식부이식은 신라산과 대가야산 각 1쌍인 점이 주목된다.

(7) 계성Ⅱ지구1호분(도 Ⅳ-13)

1998, 1999년 국도5호선 확장공사로 인하여 호암미술관이 조사한 고분이다. 이 고분은 조사 구역에서 가장 높은 해발 75m 지점에 단독으로 조영된 고분이다.

이 고분은 봉토 직경 12m, 높이 3m이며 주변으로 소형할석을 3~7단으로 호석을 돌렸다. 봉분은 12방향으로 구획하여 성토한 것이 확인되었다. 매장주체부는 횡구식석실으로 장축방향은 동-서 방향이며 상부에는 화강암 개석 4매가 있었다. 개석 상부에는 마감석과 점성이 강한 백색·적색 점토를 발라 석실 주위와 상부를 밀봉하였다. 횡구부는 서쪽에 마련되어 있는데 석실 내부 조사에서 시상면을 여러 차례 보강하면서 4차례에 걸쳐 추가장이 이루어졌음을 알 수 있었다. 횡구부 입구는 높이 1.8m, 너비 1.1m이며, 석실은 길이 3.9m, 너비 2.3m, 높이 2m이다. 석실의 축조는 아래 3~5단은 수직으로 축조하고 나머지 상부로 올라갈수록 점차 안으로 내경하여 축조한 맞조림식의 구조이다. 석실이 축조된 벽면에는 점토와 짚과 같은 초본류를 섞어 발라 벽면을 마감한 흔적이 곳곳에서 관찰되었다.

유물은 1차 시상대에는 금제 태환이식 1쌍, 은제 완식2쌍, 유리제 경식, 은제 완식유리구슬, 유리장식 은제 모자소도자母子小刀子, 금제 세환이식, 은제 대장식금구, 물미, 철부 등이 출토되었다. 금제 태환이식은 수하식이 펜촉형으로 지름 1.5~2mm 정도의 소형 청색유리 구슬을 감입 장식하였다. 유리장식 은제 모자소도자 역시 병두금구에 청동심을 계란모양으로 만들고 그 외곽에 청색유리로 덮어씌우고 다시 은제로 별모양으로 감입하였다. 그리고 칼집 외면에는 은실로 모도자에는 2번, 자도자에는 3번, 장식부에는 4번을 꼬아 화려함을 더하였다. 또한 왼팔에 착장한 은제 완식 1

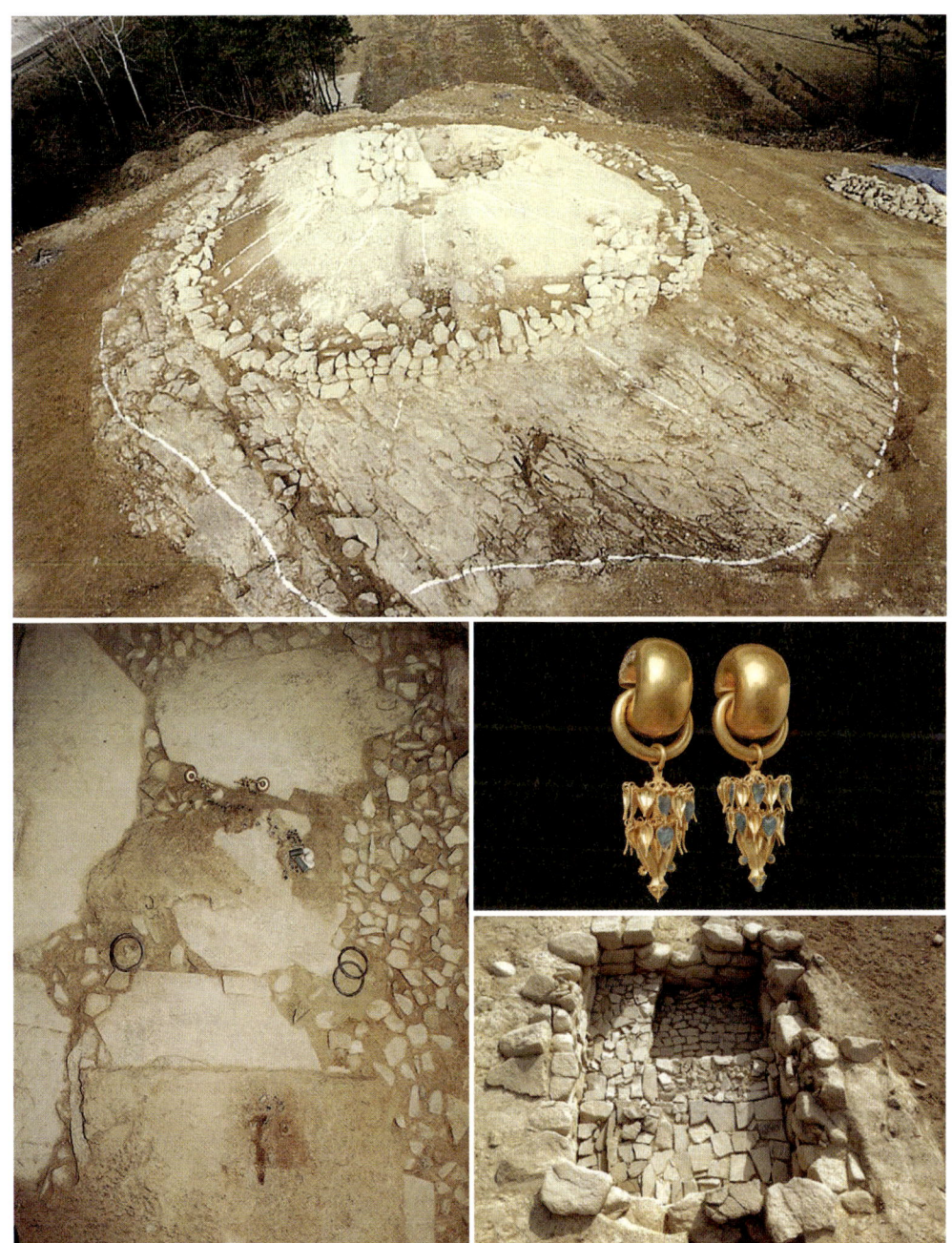

도 Ⅳ-13 계성Ⅱ지구1호분과 출토유물

쌓은 표면에 아무런 문양을 가하지 않은 반면, 오른팔에 착장한 것은 거치상의 돌기를 외면에 장식하였다. 그리고 양쪽 완식 착장부 지점의 좌측에는 26점, 우측에는 19점의 청색 유리구슬이 출토되었다.

이 고분은 6세기 전엽에 축조되었으며, 금제 태환이식은 청색 유리를 다수 감입하여 장식한 것으로 경주에서도 유례가 없는 화려한 것이다.

계성Ⅱ지구1호분은 보존상태가 양호하고 화려한 부장품이 출토되어 창녕박물관 옆 야외에 이전 복원전시되고 있다.

(8) 계성Ⅲ지구1호분(도 Ⅳ-14)

1998, 1999년 국도5호선 확장공사로 인하여 경남고고학연구소에 의해 발굴조사된 고분이다. Ⅲ지구에서 입지가 가장 탁월한 대형분으로 타원형에 호석이 있는 봉토분이다. 봉분은 풍화암반편이 혼입된 황갈색계사질토와 점성이 있는 갈색부식토를 판축하여 조성하였다. 봉분 직경 16.4~18m, 높이 5.78m이며, 호석은 석축의 형태에 따라 6개의 구간으로 구분되며 이는 구획성토의 증거로 볼 수 있다. 호석 중에서도 일부분은 단과 같은 형태를 띠고 있는데 이는 의례행위를 위한 제단의 기능을 한 부분으로 추정된다.

매장주체부는 세장방형의 횡구식석실로 묘광은 풍화암반 기반층을 굴착하였는데, 묘광의 규모는 길이 7.3m, 너비 4.3m, 깊이 0.94m이며 석실은 길이 4.5m, 너비 1.85m, 높이 2.1m이다. 남단벽에 횡구부가 마련되었으며 묘도는 길이 4m, 너비 2m, 높이 1.8m이며 벽석이 축조되어 있다. 추가장은 묘도부의 토층과 횡구부의 폐쇄석으로 볼 때 1회 실시된 것으로 파악되나 관대에서는 명확하게 구분하기 어렵다.

바닥 전면에는 시상을 깔고 그 위에 사람 머리 크기의 천석들을 2열로 놓아 관대를 마련하였다. 대부분의 부장품은 시상석 위의 관대 주변과 관대의 북편에서 출토되었다. 특이하게 시상석 아래에서 대도가 출토되었으며 이는 석실 축조시에 의례 행위의 과정에서 매납의례가 있었던 것으로 본다. 이 외에 금제 수식부이식, 은제 완식, 은제 대장식금구, 은상감 방두

대도, 금동제 자엽형행엽, 등자, 철촉, 토기 등이 출토되었다.

이 고분은 6세기 전엽에 축조되었으며, 은상감 방두대도는 백제산 또는 대가야산으로, 대가야에서 이입된 것으로 생각된다.

3) 계성리유적(도 Ⅳ-15, 16)

이 유적은 계성천을 사이에 두고 계남리고분군의 북서쪽에 위치한다. 이 유적의 주변에는 화왕산에서 발원한 계성천이 구현산(서)과 영취산(동) 사이의 좁은 곡간부를 따라 계성면을 가로질러 낙동강으로 이어진다. 이 유적은 전술한 곡간부에 형성된 충적대지와 구릉부에 입지하고 있는데, 큰골유적, 봉화골Ⅰ·Ⅱ유적으로 명명된 3개 구간으로 이격

도 Ⅳ-14 계성Ⅲ지구1호분과 출토유물

되어 분포한다.

2005년 우리문화재연구원이 발굴조사하였으며 삼국시대 생활유적과 통일신라시대 생산유적, 고려~조선시대의 무덤·생산유적이 함께 조사되었다.

이 중 삼국시대 수혈주거지는 25기가 조사되었으며 배치양상은 중복관계 없이 조성되었다. 특기할만한 점은 모두 화재의 흔적이 확인되었다는 점이다. 평면형태는 모두 방형이며 규모는 최소 $6.7m^2$~최대 $18.5m^2$로 차이가 있다. 내부시설로는 사주식 주혈, 부뚜막, 노지, 벽구, 외부돌출구 등이 조사되었는데 외부돌출구에서는 의례와 관련된 유물매납 행위가 조사되었다. 한편, 주거지와 인접하여 토기가마 1기와 야외노지, 성격불명의 수혈, 집석 등도 조사되었다. 출토유물은 옹, 완, 주구토기, 시루 등의 연질토기가 주류를 이루며, 고배, 파배, 광구 소호, 소형기대, 발형기대, 단경호, 이중구연호, 대호 등이 출토되었다. 봉화골I지구 9호 수혈주거지에서 2점의 철정이 출토되었다.

유적의 연대는 출토된 비화가야양식의 발형기대, 마한계 토기와 일본 열도의 하지키계 토기로 볼 때 4세기 말이 중심시기로 생각된다. 이 유적에서는 다음과 같은 점이 주목된다.

첫째. 주거지의 평면형태가 방형이며 네 모서리에 지붕 서까래를 받치던 기둥을 하나씩 4개를 세운 사주식 주거지라는 점이다. 이러한 형태의 주거지는 동시기 영남지역 주거지의 평면형태와 기둥의 배치와 다르며 주거지 안에 배수시설이 내부에서 외부로 이어지는 점도 호남지역의 마한계 주거지의 특징과 같다(유병록 2013: 92-93).

둘째. 출토된 토기중 취사에 사용된 연질토기는 밥이나 음식을 찌는 시루, 주둥이가 튀어나온 주구토기, 바닥이 편평하고 낮은 완, 격자타날된 장동옹 등은 마한지역양식 토기류이다.

셋째. 봉화골I지구 8호 수혈주거지 출토 대형복합구연호는 일본 서부 세토우치瀨內海계 또는 기나이畿內계 토기로 파악되고 있다(井上主稅 2008).

넷째. 마한계 토기를 소성한 토기가마가 있는 점에서 이들이 일정기간

도 Ⅳ-15 창녕 계성리유적

도 Ⅳ-16 계성리유적 출토유물

독자적인 생활방식과 공간을 형성하며 거주한 사실을 알 수 있다. 즉 일정의 자치권이 보장된 교역의 장이었음을 알 수 있다.

이처럼 이 유적에서는 호남지역에 보이는 사주식 주거지에서 철정, 마한계 토기와 일본열도계 하지키가 출토되어 주목된다. 따라서 이 유적은 철의 교역과 관련하여 마한, 왜인이 거주한 교역 취락으로 파악된다. 인접한 곳에 계성고분군이 위치하는 점에서 이 고분군 축조집단과 관련된 취락으로 본다.

2. 북부

1) 교동과 송현동고분군 개관(도 IV-17, 18)

교동과 송현동고분군은 해발 757m 화왕산의 정상에서 서쪽으로 뻗어 내려오다 목마산성이 입지한 해발 463m 목마산 산록일대에 만들어진 삼국시대 고분군이다. 교동고분군은 목마산성의 북서쪽에서 남동으로 뻗어내린 구릉에 연하여 90여 기가 있다. 송현동고분군은 목마산의 남서쪽 구릉 말단부와 남동사면 일대에 50여 기가 분포하고 있다. 교동과 송현동고분군에서 확인되는 매장주체부의 대부분은 횡구식석곽橫口式石槨이며 평면형태는 세장방형이다.

1910년 세키노 다다시關野貞가 목마산성을 중심으로 분포하고 있던 고분을 처음 소개하였다. 1917년 9월에는 이마니시 류가 고분의 분포 및 수습조사를 하였다. 하마다 고사쿠濱田耕作와 우메하라 스에지梅原末治가 21호분과 31호분 발굴하였으며, 야쓰이 세이이쓰에 의해 5호분, 6호분, 7호분, 8호분, 89호, 10호분, 11호분, 12호분, 91호분의 조사가 이루어졌다. 해방 후 경작과 도굴 등으로 파괴되다가 1963년 사적 제80호와 제81호로 지정되었다. 2011년 인접하고 내용이 유사한 두 고분군을 통합하여 사적 제514

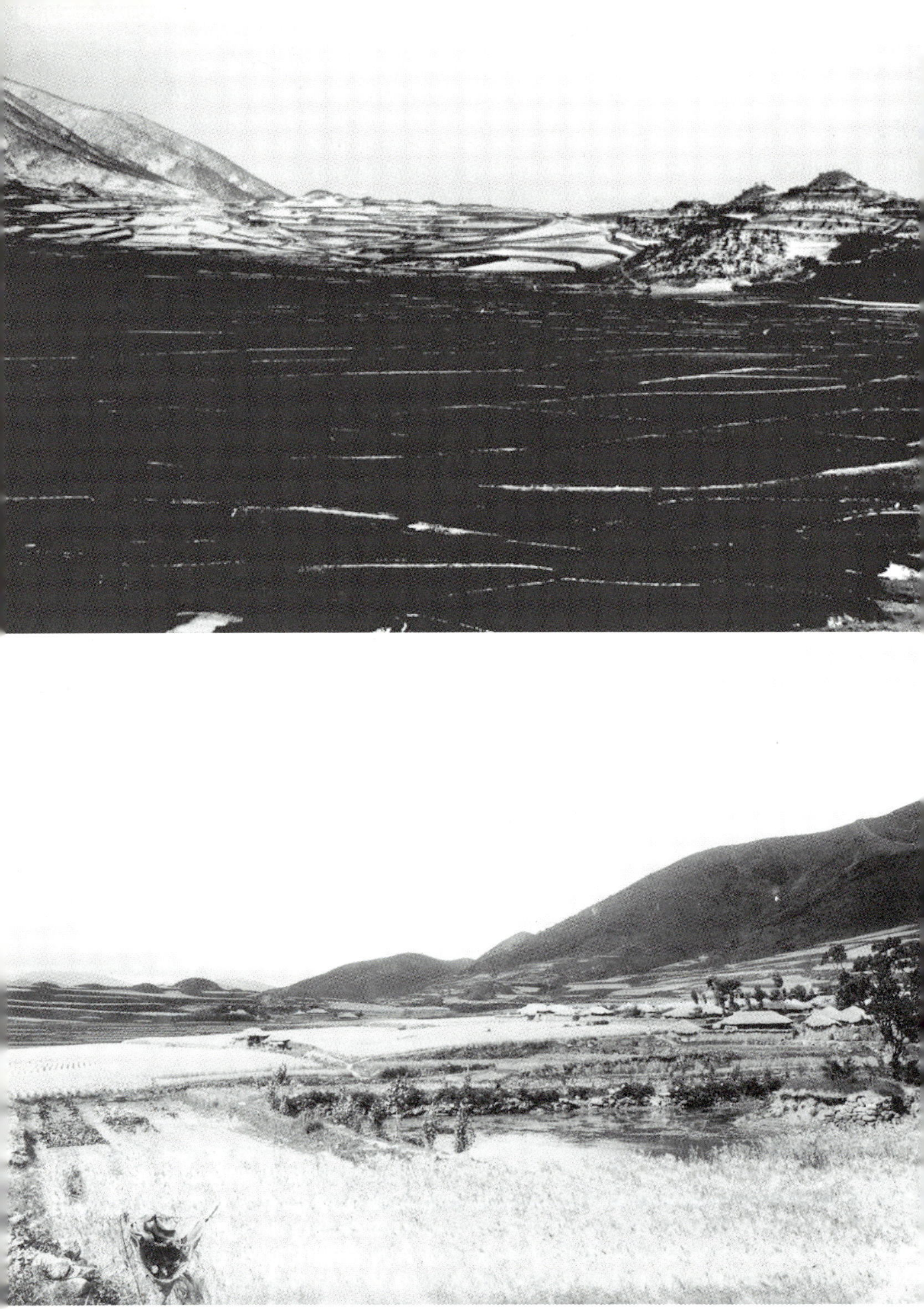

도 Ⅳ-17 일제강점기 교동고분군

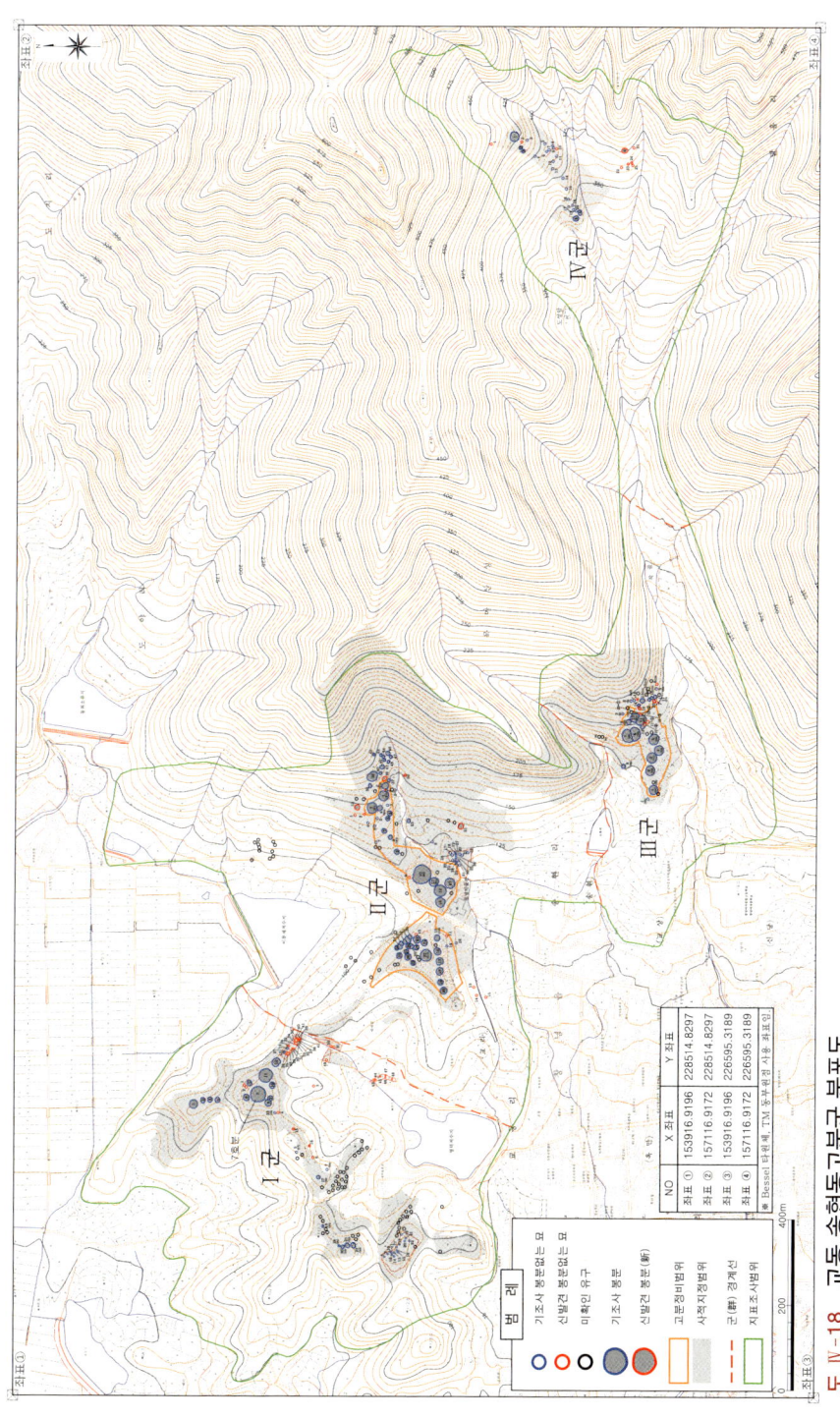

도 IV-18 교동송현동고분군 군별도

호로 재지정하였다.

　이 고분군은 현재 4개의 군집으로 구분하고 있으나 본서에서는 기존의 송현동 3, 4군을 하나로 보아 크게 3개의 군집으로 구분한다. 북쪽에서 남쪽으로 가면서 교동7호분이 중심을 이루는 봉토분 22기로 구성된 Ⅰ군, 교동10(구89)호분이 중심을 이루는 봉토분 59기로 구성된 Ⅱ군, 송현동14, 15호분이 중심을 이루는 봉토분 26기로 구성된 Ⅲ군으로 구분한다. 각 군의 주분 출토 토기는 유충문이 유존하는 가운데 집선문이 출현하는 본고 9기전후에 해당하며, 그 축조 시기는 5세기 후엽에 해당한다.

　교동고분군은 창녕읍 교리 일대에 분포하는 90여 기의 중·대형 봉토분과 소형분으로 4개의 구릉에 걸쳐 고분군을 이루고 있다. 교동고분군에 대한 최초의 조사는 1917, 1918년에 이루어졌다. 이때 조사된 고분의 수는 10여 기이고 그 가운데 Ⅱ군14(구31)호분만 보고가 이루어졌고, 이 외의 고분은 해방 이후까지 보고되지 않다가 1975년 아나자와 와코·마노메 쥰이치에 의해 유물의 일부분이 보고되었다. 여러 차례에 걸친 조사에서 수천여 점의 유물이 출토되었으나 대부분의 고분이 일제강점기때 조사되어 상세하게 보고가 되지 않았기 때문에 고분군의 성격을 파악하는 데는 어려움이 있었다. 1992년도에 조사된 5기의 고분은 구조가 모두 횡구식석실로 밝혀졌다. 교동고분군들의 대형분들은 석실 구조가 대부분 횡구식석실일 가능성이 크고, 고분군 형성시부터 묘제는 횡구식석실이었을 것으로 추정된다. 교동고분군에서는 경주의 적석목곽묘 다음으로 많은 수량의 신라계 금속 유물이 나와 신라 중앙과의 관계가 밀접하였음을 보여준다.

　송현동고분군은 창녕읍 송현리 산92 일원, 목마산의 남서쪽 구릉 끝자락과 골짜기에 위치한다. 고분군으로부터 북서쪽으로 약 700m 떨어진 곳에 교동고분군이 위치한다. 이 고분군은 1917년 이마니시 류에 의해 이루어진 교동·송현동고분군 분포조사를 통해 처음 알려졌다. 1919년에 작성된 『고적조사보고서古蹟調査報告書』에 의하면, 서쪽으로 뻗어 내린 구릉 능선부를 따라 10여 기의 대형분이 위치하고, 구릉 정상부의 남쪽 사면에도 10여 기의 중·소형분이 위치한다. 그러나 발굴조사가 되지 않은 채 방치되어 고분은 파괴가 심하게 이루어졌다. 2000년대에 들어와 송현동고분군에 대한 정비계획이 세워지면서 2001~2004년에 복원을 위한 발굴조사와 더불어 송현동고분군 일대에 대한 정확한 분포조사가 이루어졌다. 분포조사 결과 현재 고분이 밀집한 지역 외에 화왕산 중턱의 도성암 주변에도 10여기 이상의 고분들이 분포되어 있음이 확인되었다. 2004~2006년 국립가야문화재연구소가 송현동고분군의 정확한 고분 구조를 규명하기 위해 5기의 봉토분과 주변의 소형분을 발굴조사하였다. 송현동고분군은 목마산의 남서쪽 사면에서 아래로 뻗은 구릉 능선부를 따라 분포하는 제1군, 그 위쪽의 경사가 심한 지역의 북서쪽에 분포하는 제2군, 제2군의 동북쪽의 작은 골짜기를 경계로 동북쪽에 분포하는 제3군으로 구분된다. 제1군은 구릉 끝자락에 위치한 1호분을 시작으로 하여 위쪽으로 5기의 고분이 나란하게 배치되어 있는데, 송현동고분군에서 봉분이 가장 큰 고분들이다. 제2군에는 아래쪽에 위치한 6·7호분을 비롯해 10기 가량의 봉토분이 분포하는데, 6·7·15~17호분 등 5기와 그 주변의 작은 고분들이 조사되었다. 제3군은 13기의 봉분이 있는 고분으로 이루어졌는데 제1·2군 고분보다 규모가 작다. 최근에 이루어진 일련의 조사에 의해 고분 축조 과정과 매장주체부의 구조는 물론 출토유물 등에 대해 비교적 상세한 정보를 얻었다.

송현동고분군의 중심 시기는 교동고분군과 약간 늦은 시기인 5세기 후반~6세기 전반으로 추정된다.

2) Ⅰ군

(1) 7(구7)호분(우리문화재연구원 2014, 국립김해박물관 2015)(도 Ⅳ-19~23)

이 고분은 Ⅰ군내에서 가장 높은 곳에 위치한 봉토분으로 주변으로는 5호~12호분이 위성처럼 둘러싸고 있다. 1918년 야쓰이 세이이쓰에 의해서 발굴조사되었다. 이후 2011년 우리문화재연구원에서 실시한 재발굴 조사를

도 Ⅳ-19 일제강점기 교동Ⅰ군7호분과 주변

도 Ⅳ-20 일제강점기 교동Ⅰ군7호분 발굴전경

도 Ⅳ-21 교동Ⅰ군7호분

통해서 봉토 축조기술과 매장주체부의 성격에 대한 다양한 정보가 밝혀졌다. 이는 해방 이후 한국고고학의 발굴조사 연구 성과를 반영한 의미있는 조사였다.

일제강점기 당시 7호분의 조사는 봉토 남쪽을 정상부에서 약 1m 가량 아래에서부터 매장주체부까지 굴착하여 남쪽 벽면을 파괴하고 내부로 진입하였다. 당시의 작업과정을 촬영한 것으로 추정되는 유리원판 사진을 보면 발굴갱은 매장주체부로 진입하기 위한 통로이자 수습된 유물을 정리하는 장소로 사용했던 것으로 보인다. 이처럼 봉토의 일부를 파내는 발굴 방식은 당시의 조사 목적이 최대한 짧은 시간에 매장주체부로 진입하여 유물을 수습하기 위해서였다. 따라서 이번 Ⅰ군7호분의 재발굴조사에서는 일제강점기 조사에서 밝히지 못했던 봉토부의 성토방식과 매장주체부의 구조를 밝히는 데 가장 큰 초점을 두고 진행되었다.

봉토부의 조사는 봉토를 8등분하여 구분되는 1~4분면은 계단식 조사법, 5~8분면은 트렌치-평면 조사법을 채용하였다. 일반적인 기존의 봉토 조사법과는 달리 두 조사법을 동시에 채용한 이유는 봉분의 종단면, 횡단면, 평면 등을 통해 성토 기술을 입체적으로 검토할 수 있기 때문이다. 또한 높이와 위치의 기준을 정상에서 3m까지를 1단계, 3m에서 매장주체부 상부까지를 2단계, 매장주체부 조사를 3단계, 그 이하를 4단계로 구분하여 조사를 시행하고, 각 단계마다 3D 스캔을 통해서 삼국시대 성토 모습을 최대한 복원하고자 하였다.

7호분의 축조는 묘역을 정리하는 정지작업 단계, 시신을 모시고 부장유물을 매납하는 매장주체부의 조성단계와 흙을 쌓아 봉토를 만들어 외형을 완성하는 봉토부의 조성단계 등으로 나누어 살펴볼 수 있다. 정지단계는 본격적으로 고분을 축조하기에 앞서 묘역을 정리하는 작업으로 흙을 쌓아서 바닥의 높이를 맞추거나, 이물질을 정리하여 흙을 쌓는 작업을 쉽게 하는 기초 작업이다. Ⅰ군 7호분에서는 삼국시대 당시의 지표를 모두 깎아내고, 경사가 낮은 동쪽을 중심으로 점성이 강한 흙을 2차례 정도 깔아서 정지작업을 마무리하였다. 또한 정지작업이 마무리되는 시점에서 봉토의 외연에 인두대급의 화강암을 이용해서 호석을 설치하였다. 본격적인 고분의 축조는 매장주체부의 조성에서 시작된다. 우선 묘역의 중앙부를 중심으로 북쪽이 돌출된 '凸'형태로 풍화암반층을 약 2m 깊이로 파내고 동쪽으로 약간 치우친 부분에 화강암을 이용해 시신을 매납할 공간을 조성하였다. 벽석과 묘광의 빈 공간에는 벽석과 유사한 크기의 화강암과 묘광을 굴착할 때 나온 흙으로 채워서 견고하게 축조하였다.

매장주체부는 길이 9m, 최소 너비 1m, 최대 너비 1.6m, 높이 약 1.8m로 세장방형의 평면형태를 띠고 있으며, 단면 형태는 사다리꼴이다. 장축은 남북방향이고 벽석의 일부와 개석이 지상에 노출되어 있지만, 대부분의 구조는 지하에 위치하고 있다. 벽석은 동·서장벽과 남단벽은 서로 맞물려 있는 반면, 북단벽은 다른 벽석과 물려있지 않고 단독으로 조성되었다. 벽석의 틈 사이에는 점토와 유기물을 섞어서 바르고, 그 위에 회灰로 미장한 흔적이 부분적으로 확인되었다. 특히 최하단 벽석에는 점토만으로 미장한 점에서 다른 부분과 차이가 있다. 개석과 맞닿는 각 벽석의 최상단부에는 점토를 바른 흔적이 확인되었는데, 이는 벽석과 개석과의 마찰을 줄이면서 벽석을 보호하는 역할을 했던 것으로 볼 수 있다.

북단벽 바깥쪽에는 묘광과 연결되어 돌출된 타원형 수혈이 있는데, 이곳에서는 총 6개체의 동물뼈가 출토되었다. 동물뼈의 종류는 개 2마리, 개과 1마리, 쇠기러기 2마리, 쇠기러기류 1마리로 매장된 상태로 볼 때 개 1마리와 쇠기러기 1마리가 조합을 이루고 있었음을 알 수 있다. 특히 가장 큰 편에 속하는 개 1마리는 앞발과 뒷발이 모두 모여 있기 때문에 묶여진 상태로 매납되었던 것으로 보인다. 이 같은 형태의 수혈과 동물뼈의 매납 양상은 기존의 조사 사례에서는 확인할 수 없었던 중요한 자료라고 할 수 있다.

개석은 총 9매의 화강암을 이용해서 대체로 남쪽에서 북쪽의 순으로 놓았다. 개석 상부에 성토에 앞서 매장주체부를 밀봉할 때 5단계의 과정을 거치고 있다. 1단계는 개석과 개석의 틈을 벽석과 유사한 크기의 화강암으로 막고, 2단계는 얇고 작은 판상의 암반편과 점토를 이용해서 화강암 주변을 메워 나간다. 3단계는 다시 화강암을 이용해서 개석 상부 전면에 걸쳐서 덮고, 4단계는 이 화강암의 틈 사이를 다시 판상의 암반편으로 메운다. 5단계는 논흙과 같은 점성이 강하고 이물질이 적은 점토로 개석 상부 전면을 밀봉한다. 이 때 사용된 점토의 아래 면에는 갈대와 같은 유기물 흔적이 남겨져 있기 때문에 4단계와 5단계 사이에는 유기물로 개석 전면을 덮었을 가능성이 있다. 봉토부의 축조에 사용된 흙의 종류는 주변에서 주로 확인되는 풍화암반층에서 채취한 암반역층과 실트층, 주변 저지대에서 가져온 것으로 보인 점토층으로 나눌 수 있다. 세부적인 차이는 있지만 성토층의 대부분은 암반역층과 실트층으로 구성되어 있고, 점토층은 매장주체부 밀봉과 봉토부 피복에 사용된 것으로 보인다.

　봉토부 축조는 성토방식과 위치에 따라서 3단계로 나누어서 살펴볼 수 있다. 1단계는 매장주체부를 중심으로 동쪽으로 치우쳐서 암반립이 다량 포함된 흙을 타원형으로 성토하는 단계이다. 이 단계는 남쪽의 5분면, 서쪽의 6~7분면, 북쪽의 8분면 등에서는 확인되지 않거나, 매장주체부 주변 1m 이내에서만 확인된다. 2단계는 매장주체부를 중심으로 비교적 점성이 강한 흙과 암반편이 많이 포함된 자갈층을 교대로 성토하였다. 성토 높이는 위치에 따라 차이가 있는데, 비교적 경사 아래쪽에 위치하는 동쪽은 개석에서 약 2.3m 정도까지 높였지만, 서쪽은 매장주체부 중심의 1단계 최고점과 높이가 거의 같다. 성토 방식은 대부분 외경성토로 매장주체부를 중심으로 복발형으로 흙을 덮어가는 방식이다. 그러나 동쪽에서는 크게 2단계에 걸쳐서 평탄부가 확인되는데, 이는 작업공간을 확보하기 위한 의도적인 행위로 볼 수 있다. 3단계는 개석에서 2.4m지점에서 최정상부까지 해당하며, 낮은 곳에 해당하는 동쪽은 내경성토법과 수평성토법이 확인되는 반면, 서쪽은 내경성토법이 중심으로 성토하였다. 이러한 동서간의 성토방식의 차이는 성토방향과 성토에 사용된 흙에서도 확인된다. 즉, 이전 단계에서는 보이지 않던 성토의 방향이 이 단계부터는 동쪽은 반시계방향 순으로 서쪽은 시계방향 순으로 나타나며, 서쪽에 사용된 흙에는 암반입자가 크고 많은 흙을 주로 사용하고 있다. 이러한 현상은 경사가 낮은 동쪽을 먼저 성토하고 이를 벽처럼 이용해서 서쪽 부분을 성토했기 때문에 나타나는 것으로 해석된다. 3단계에서 나타나는 이러한 성토방식에 때문에 동쪽과 서쪽의 암반층이 만나는 부분에는 칼데라(caldera)형태로 빈공간이 생기게 된다. 이 부분을 메우기 위한 작업도 동시에 진행되었던 것으로 보인다. 봉토부 축조의 각 단계에서는 I군 7호분에서만 볼 수 있는 독특한 기술이 구현되어 있다. 그 중 대표적인 것이 봉토 내의 배수를 위해서 설치한 것으로 보이는 암거시설이다. 암거시설은 성토할 때 양쪽 부분을 제방형태로 쌓고, 그 사이를 암반편으로 채워넣는 방식으로 조성되었다. 이 시설은 모두 경사가 높은 곳에 위치한 서쪽에서만 확인되고 있으며, 이는 봉토 내부로 들어온 물이 매장주체부 쪽으로 흘러가지 않게 하기 위한 방편으로 마련되었던 것을 의미한다. 이외에도 2단계에서는 봉토외연을 깎아내고 다시 성토한 흔적도 확인된다. 이 흔적은 봉토외연을 일주하고 있는데, 봉토 설계 규격과 축조 규격의 불일치와 같은 문제 혹은 축조과정 중에 외연이 무너져 이를 보완했던 흔적으로 생각할 수 있다.

우리문화재연구원에 의한 봉분 조사 결과 봉토 내의 배수를 위해 설치한 것으로 보이는 암거시설과 동물 희생갱 등이 확인되었다.

그런데 이 고분은 도굴당하지 않아 부장품이 원상을 유지하고 있었다. 그럼에도 일제강점기 조사 이후 보고서가 간행되지 않았을 뿐만 아니라 당시 사진자료, 도면이 미비하여 석실내 공간구성을 알기 어렵다.

석실의 공간 구성은 일부 사진과 교동과 송현동고분군의 사례 등을 종합하여 두부측 부장, 주피장자 안치, 족부 부장, 순장자, 입구 부장으로 복원되었다(최순정 2015).

부장품은 총 700여 점이 출토된 것으로 알려졌다. 그러나 현재 국립중앙박물관에서 소장하고 있는 것은 133건 197점이며 나머지는 유실된 것으

도 Ⅳ-22 교동Ⅰ군7호분

도 Ⅳ-23 교동Ⅰ군7호분 석실

로 파악된다. 부장품은 금동제 관, 금동제 흉식, 은제 대장식구, 금동제 투조안교, 금제 수식부이식, 청동제의 초두, 각배형용기, 합 등이 출토되었다.

이 고분은 5세기 말에 축조된 Ⅰ군의 최고 수장묘이며, 입지와 배치, 규모, 부장품으로 볼 때 배총의 규모와 묘주의 신분은 5세기 후엽에 축조된 Ⅱ군의 주분인 10호분과 유사하다.

(2) 10(구10)호분(도 Ⅳ-24)

이 고분은 7호분에서 남동쪽으로 약 18m가량 떨어진 곳에 위치하며, 11호분이 북동쪽에 인접하고 있다. 1919년 야쓰이 세이이쓰에 의해 발굴조사되었으나, 출토유물의 일부를 제외하면 상세한 기록은 남아있지 않다. 현재는 원형의 소형 봉토만 남아있는 상태로 경사 윗부분에 해당하는 북쪽은 평탄화되었다. 호석도 확인되지 않아 정확한 규모나 매장주체부의 성격은 알 수 없다.

2012년 우리문화재연구원에서 실시한 정밀지표조사에 따르면 잔존 봉토분 직경 7.9m, 높이 4.4m이다. 부장품은 금동제 용봉문환두대도 1점, 관옥 2점, 금동제 운주 2점, 동령 2점 등이 있다.

(3) 11(구11)호분(도 Ⅳ-25)

이 고분은 7호분에서 동남쪽으로 뻗은 능선상에 위치하고 있으며, 약 20m가량 떨어져 있다. 7호분을 제외하면 Ⅰ군 내에서 가장 큰 규모에 해당하며 1919년 야쓰이 세이이쓰에 의해 발굴조사되었다. 정식보고는 되지 않았고 유리건판 자료와 출토유물이 부분적으로 공개되어 있다. 유리건판 사진을 참조하면 7호분과 유사한 형태의 횡구식석실로 추정된다.

2012년 우리문화재연구원에서 실시한 정밀지표조사에 따르면 봉토분의 직경 28.3m, 높이 10m전후이다.

현실에서는 전벽 쪽에 3구의 인골이 확인되고, 후벽 쪽에 다수의 토기, 철부, 마구 등이 있고, 장신구가 시상위에서 발견되었다. 부장품은 금상감

도 Ⅳ-24 일제강점기 Ⅰ군10호분 발굴 전경

도 Ⅳ-25 일제강점기 Ⅰ군11호분 발굴 전경

명문원두대도, 은제 삼엽문환두대도, 은제 조익형관식, 은제 대장식구, 은제 심엽형과대, 재갈, 행엽, 청동제 초두 등이 있다.

이 고분의 묘주는 7호분의 배총가운데 가장 규모가 크고 부장품이 화려한 점에서 7호분 피장자의 근친자로 볼 수 있다.

(4) 12(구12)호분(도 Ⅳ-26)

이 고분은 7호분에서 동남쪽으로 이어지는 능선상에서 11호분과 20m 정도 떨어진 거리에 위치하고 있다. 1919년 야쓰이 세이이쓰에 의해 발굴조사되었다. 정식보고는 되지 않았으며, 당시 기록도면과 사진, 출토유물의 일부가 확인된다.

2012년 우리문화재연구원에서 매장주체부의 성격 및 봉토 축조방식을 파악하기 위한 트렌치(Tr)조사를 실시하였다. 그 결과 자연경사면을 따라 이어진 기반암 상면에 (황)갈색 사혼입 실트를 깔아 정지한 것이 확인되었으며 그 외 현재 잔존하는 나머지 봉토는 대부분 후대에 복토한 것으로 판단된다. 남쪽 트렌치 내부 조사결과 기반암 부근에서 잔존한 매장주체부의 최하단석으로 추정되는 석재가 확인되었고,

매장주체부는 적석목곽묘로 밝혀졌다. 매장주체부의 규모는 길이 3.4m, 폭 1.3m이다. 12호분의 축조공정에 대한 심현철의 연구에 따르면 교동12호분의 축조공정은 다음과 같다(심현철 2013).

먼저 북서쪽이 높고 남동쪽이 낮은 완만한 구릉의 경사면 위에 길이 4.7m, 너비 약 2.4m, 깊이는 약 60cm 정도로 하는 장방형의 반지하식 묘광을 굴착한다. 묘광 굴착 시에 나온 흙 또는 주변부에서 가져온 흙을 이용해서 묘광 어깨선에서부터 봉분외연까지의 범위 안을 얕게 성토한다. 이때의 성토 높이는 대략 50~60cm 정도이며, 이것은 기반을 정지하고자 하는 개념이 아니라 선축봉토로서 이해할 수 있다. 이렇게 1차 성토작업이 끝나면 묘광 내부에 목곽을 설치하면서 목곽과 묘광 및 1차 성토벽 사이에 적석을 하여 목곽을 보강한다. 목곽은 길이 약 3.4m, 너비 약 1.3m로 장방형

이며, 이때의 목곽 높이는 1차 성토의 상면上面까지로 생각되며 1.5m 전후가 될 것으로 추정된다. 이렇게 매장주체부가 완성되면 본격적인 매장행위가 이뤄지는데, 피장자(목관)를 안치하고 유물을 부장한다.

본격적인 매장행위가 완료되고 나면 목개木蓋를 덮고 그 상부에 적석을 하여 매장주체부를 완전히 밀봉한다. 상부 적석의 높이는 50cm 전후로 생각되며, 그 단면형태는 가운데가 볼록한 호상弧狀을 이루게 한다. 목곽이 장방형을 이루기 때문에 완성된 적석부의 상면 모습은 터널의 상부와 같은 형태가 된다. 마지막으로 나머

도 Ⅳ-26 일제강점기 I군 12호분 발굴 전경

지 봉토를 쌓아 올려 고분축조를 마무리한다.

교동12호분은 경주지역 중소형 적석목곽묘의 특징인 반지하식의 묘광, 1차 봉토, 목곽주위의 적석, 원형봉토 등을 갖추고 있으며 경주 중소형 적석목곽묘와 거의 동일한 축조공정을 통해 축조되었다.

목곽의 크기와 비율에 있어서도 경주의 중소형 적석목곽묘와 완전히 일치한다. 창녕지역 고분의 묘곽이 대체로 세장방형인 것과는 뚜렷이 구분되며 규격화된 경주의 장방형 목곽이라 할 수 있을 정도로 유사하다.

또 하나 특징적인 것은 유물부장양상과 착장형 유물의 조합상이다. 12호분은 목곽 내 공간을 크게 피장자 공간과 유물부장 공간으로 나누고 주 유물부장 공간을 피장자의 두부에 설치하였다. 이것은 경주 적석목곽묘의 가장 일반적인 유물부장방식과 목곽 내 공간 활용방법으로, 창녕지역 고분의 방식과는 다르다. 뿐만 아니라 적석목곽묘의 경우에는 피장자의 족부 아래에 남은 좁은 공간에 피장자와 직교되게 철겸, 유자이기, 도자, 철부 등의 철제 농공구류를 부장하는 예가 많이 확인되는데, 12호분에서도 피장자의 족부 아래에 도자 3점을 피장자와 직교되게 부장하고 있다.

한편, 피장자가 착장한 것으로 판단되는 유물들은 모두 5가지가 조합을 이루며 확인되었는데, 이를 경주 적석목곽묘의 착장유물 조합상에 따른 등급과 직접 비교해 보면 대체로 중상위 등급에 해당하는 것으로 판단되었다. 이러한 착장유물 조합관계 역시 경주 적석목곽묘 내에 존재하는 착장유물의 등급별 조합상에 그대로 적용할 수 있을 정도로 유사하다.

나아가 12호분의 피장자는 신라 왕경 귀족 출신의 여성으로 보고, 이는 경주 출신의 공인에 의해 완전한 경주 적석목곽묘의 구조와 축조방식에 따라 만들어진 것으로 추론하였다. 이를 통해 12호분의 축조 전후 시기에 최소한 일부 신라인들이 창녕지역에 자주 왕래하였거나 거주하고 있었을 것으로 생각하였다.

3) Ⅱ군

(1) 3호분(동아대3호분)(도 Ⅳ-27, 28)

이 고분은 Ⅱ군의 가장 높은 곳에 있는 구릉의 주 능선상에 위치한 대형분으로 4호분과 연접하며, 1호분과 약 15m가량 떨어져 있다. 1992년 동아대학교박물관에 의해 발굴조사되었으며 규모는 직경 25m, 높이 4.5m이다. 호석의 평면형태는 부분적으로 각진 곳이 있는 장타원형이며, 북쪽에는 호석열이 직선상을 띠는 곳도 있다.

봉토의 축조과정은 다음과 같다. 먼저, 동서로 경사진 구릉 중간을 약간 평평하게 삭평한후 기반층을 파서 남북 장축의 묘광을 만들고 그 속에 석실을 축조하며 봉분을 조영하였다. 봉분은 동서축이 경사져 있으므로 서쪽 낮은 부분부터 성토하였으며, 점토와 부식토를 교대로 다져가면서 채웠는데 그 평면은 부채살 모양으로 외주外周는 모나고 중심축은 좁은 이등변삼각형을 띤다. 이런 순서로 입구 쪽을 제외한 전면에 돌아가면서 작업을 실시하였으나 위치에 따라 기반토에서의 높이는 달랐다고 생각된다. 기반토가 낮은 서쪽의 경우는 3~4m로 높지만 높은 동쪽은 1~2m정도였다고 생각된다. 이렇게 둘레를 성토하고 가장자리에는 호석護石을 다시 쌓아 봉토의 유실을 방지하였다. 이 작업과정까지는 봉토 정상부가 수평한 원판상을 띠웠으나 그 위에 점토와 산토를 교대로 전면을 둥글게 원추형 모양으로 다시 쌓아올렸다. 따라서 봉토 축조과정에서는 크게 부채꼴 모양으로 쌓기, 주변 호석 쌓기, 정상부 쌓기 등 3단계의 공정이 예상되며 호석 주변의 주혈은 이와 같은 작업과정에서 생긴 기둥자국이라고 말할 수 있다.

매장주체부인 횡구식석실의 입구는 북쪽에 있다. 묘도는 길이 6.1m, 폭 1.3m이다. 석실은 기반토를 장방형으로 파서 묘광을 만들고, 그 속에 목곽을 조립했는데, 양 장벽과 상면에 연결해서 목주를 배치한 흔적이 6개소에 나란히 남아있다. 그 규모는 길이 7.2m, 너비 1.3m, 높이 2.2m이며 개석은 총 9매가 확인되었다. 벽석은 세 벽을 먼저 쌓고, 그 사이에 북쪽 단벽

도 Ⅳ-27 교동Ⅱ군3호분

도 Ⅳ-28 교동Ⅱ군3호분

을 끼워 넣은 형태이다. 상면에는 대소 할석을 목주 사이에 2~3겹씩 깔았는데 입구 단벽 아래에는 깔지 않았다. 피장자를 안치한 목관은 입구에서 안쪽으로 약간 치우쳐 있으며, 기반토위에서 순장된 것으로 생각되는 인골편이 확인되었다.

묘도는 좌우에 할석을 쌓아 나팔형으로 긴 양 장벽을 설치하고, 하단의 석축부분은 할석을 채워 폐쇄시켰다. 또한, 상단의 봉토층은 일단 암반이 혼입된 흙으로 폐쇄시켰다.

부장품은 대금계판갑, 철제 무기, 농공구, 마구, 토기 등이 출토되었다.

이 고분은 현재까지 조사된 교동 송현동고분군의 수장묘가운데 가장 이른 시기인 5세기 중엽에 축조된 최고 수장묘이다. 그런데 이 고분은 같은 시기인 최고 수장묘인 계남리2호분보다 규모와 부장품이 격이 떨어지는 점에서 아직까지 남부지역이 중심지이었음을 알 수 있다.

(2) 15호분(구116호분)(도 Ⅳ-29)

이 고분은 22호분에서부터 남동쪽으로 약 30m 정도 떨어진 구릉 사면부에 위치하고 있다. 22호분의 남쪽 사면부에 일렬로 배치된 15호~20호분까지의 6기 고분 가운데 가장 동쪽에 자리잡고 있다. 고이즈미 아키오小泉顯夫에 의해 1931년에 조사되었다.

2012년 우리문화재연구원에서 실시한 정밀지표조사에 따르면 잔존 봉분은 직경 11.5m이며 높이 2.7m이다.

일제강점기에 발굴조사되었으나 조사와 관련된 자료들은 유리원판 사진에 일부 공개되어 있을 뿐, 발굴조사 후 정식보고가 이루어지지 않았다. 매장주체부는 유리건판 사진으로 볼 때 판석조의 횡구식석실로 추정된다. 또한, 출토유물에 대한 상세한 정보도 제대로 알려지지 않았다.

현재 복원·정비가 되어있는 상태이며, 현재는 소형 봉토분이지만 원래는 훨씬 규모가 큰 고분이었음을 유리건판사진으로 알 수 있다. 외부로 노출된 호석은 현재 확인되지 않는다. 부장품은 장각의 비화가야양식 유개

도 Ⅳ-29 일제강점기 Ⅱ군15호분 발굴 전경

고배 등이 있다.

(3) 117호분(도 Ⅳ-30)

이 고분은 창녕박물관 서쪽구릉 정상부에 조성되어있다. 현재 위치를 알 수 없다. 봉분의 규모는 직경 11.5m, 높이 2.6m이다. 고이즈미 아키오에 의해 1931년에 조사되었다. 조사내용은 보고서가 발간되지 않아 확인할 수 없으나, 조사 당시 유리건판사진이 일부 남아 있어서 이를 통해 추정해보면, 묘제는 횡구식석실로 보인다. 그런데 천장부분이 함몰된 사진을 끝으로 더 이상의 사진이 남아 있지 않는 것으로 보아 천장부분이 함몰되어 더 이상 조사를 진행하지 않은 것으로 보여 재조사가 필요하다.

도 Ⅳ-30 일제강점기 Ⅱ군117호분 발굴 전경

(4) 10호분(구89호분)(도 Ⅳ-31~35)

이 고분은 3호분에서부터 남서쪽으로 약 200m 정도 떨어진 주능선의 아래쪽 사면부에 위치하고 있다. Ⅱ군내에서 가장 대형분이며, 그 주변에는 9~14호분이 인접하여 분포하고 있다.

야쓰이 세이이쓰는 1918년 10월 14일부터 24일까지 5호분과 89호분을 조사하고, 1919년 1월 13일부터 다시 89호분에 대한 조사를 실시하여 봉분 정상으로부터 약 9.8m 아래에서 도굴되지 않은 석실을 발견하였다. 10호분에서는 창녕지역 고분가운데 가장 많은 종류와 수량의 부장품이 출토되었다. 이때 이루어진 10여 기의 고분 조사에서 나온 유물은 마차 12대, 화차 2량을 채울 정도였다고 한다.

그러나 정식보고가 이루어지지 않아 석실이라는 것을 제외하면 매장주체부의 규모와 구조에 대한 구체적인 내용은 알 수 없다.

현재는 복원·정비가 되어있는 상태이며, 현 규모는 직경이 약 42m, 높이가 약 10m 정도이다. 당시 작성한 측량도에 의하면 봉분 중앙에서 9.8m 아래에 세장방형의 횡구식석실을 축조하였다.

석실은 남아있는 실측도로 볼 때 동벽은 부정형의 장대한 12매의 판석을 세우고 그 사이를 할석으로 메웠다. 남벽은 3매의 정연한 세장방형의 판석을 세워서 축조하였다. 관대는 북벽의 횡구부로부터 약 3m 떨어진 곳에서 시작하여 남벽에 접하게 바닥보다 약 30cm 높게 설치하였다. 당시 촬영한 사진이 남아있는 것이 1매에 불과하여 관대와 유물 출토상태에 대한 자세한 내용을 알 수 없다. 그런데 조사 당시 작성한 석실 평면도에 남아있어 그 내용을 어느 정도 파악 가능하다.

석실의 남쪽에 약간 치우친 곳에 주 피장자가 안치된 공간이 있다. 패용한 것으로 보이는 경식이 남쪽에서 출토되어 두향은 남쪽으로 추정된다. 두부의 위쪽에는 토기, 마구, 갑주, 무기류가 부장되었다. 서남쪽 모서리에는 통형기대가 정치된 상태로 부장되었다.

주 피장자의 우측에는 패용했던 것으로 추정되는 대도가 출토되었다.

도 Ⅳ-31 일제강점기 Ⅱ군10호분

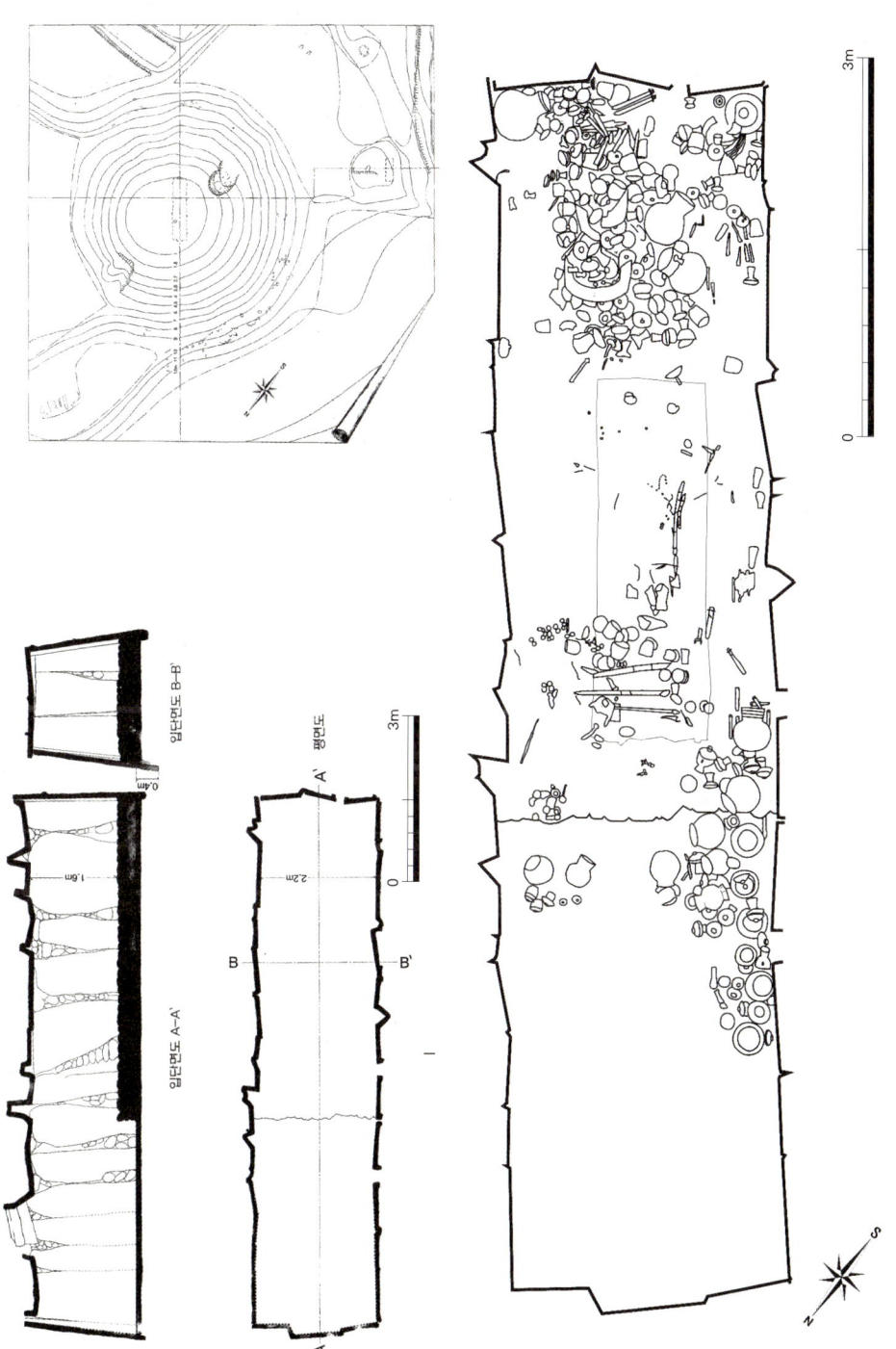

도 Ⅳ-32 일제강점기 Ⅱ군10호분 실측도

Ⅳ | 유적 _107

도 Ⅳ-33 일제강점기 Ⅱ군 10호분 출토 유물

도 Ⅳ-34-1 일제강점기 Ⅱ군10호분 출토 유물

도 Ⅳ-34-2 일제강점기 Ⅱ군10호분 출토 유물

 이 대도는 이 고분 출토 대도 중 가장 의장성이 강한 자도를 가진 은장 삼엽형대도로 추정된다. 족하부에는 대도, 토기 등이 부장되었다.
 관대의 아래에는 횡구부와 사이에 빈 공간이 있어 순장자가 있었음을 알 수 있다. 그 공간이 길이 3m이상 되는 점에서 여러 명이 순장된 것으로 추정된다. 관대의 북쪽에 접해서 다수 토기류가 출토되었는데 이는 순장자에게 공헌된 것으로 보인다.
 부장품은 금동제 식리, 금제 세환이식, 은제 조익형관식, 은제 대장구, 삼엽문환두대도, 동제 마탁, 괘갑 등이 출토되었다. 이 고분에서는 Ⅰ군7호분과 같은 화려한 장신구와 함께 철제 갑주, 무기류가 다수 부장되어 주목된다.
 10호분은 Ⅰ군7호분과 주변에 후술하는 9호분과 같은 배총이 조영

도 Ⅳ-35　교동Ⅱ군10호분 전경

된 것도 특징이다. 북쪽에 위치한 9호분은 직경 17m이나 남쪽에 위치한 11~13호분은 25m급의 대형분이다. 이는 앞에서 본 Ⅰ군7호분과 유사하다.

　이 고분은 부장 토기가 대부분 비화가야양식 토기인 점에서 5세기 후엽으로 편년되며, 봉분의 직경과 부장품으로 볼 때 이 시기 최대 규모로서 비화가야의 왕묘로 판단된다. 이 시기가 되면 교동지구의 북부세력이 비화가야의 중심지로 등장한 것으로 판단된다.

(5) 9(구88)호분(도 Ⅳ-36)

이 고분은 목마산성 남서편 구릉 말단부의 입지하며 남쪽 약 4m지점에 Ⅱ군의 주분인 10호분이 위치한다. 개석이 노출된 상태로 장기간 방치되어 더 이상의 훼손을 막고 보존·관리를 위해 2013~2014년 국립가야문화재연구소에서 발굴조사를 실시하였다.

　9호분의 봉분은 유실이 많이 되었으며 매장주체부 주변으로 일부 잔존한다. 9호분의 조성 과정은 크게 묘역정지-석실 하단부 등 고분 기저부를 조성한 1차 성토-석실 상단부와 주변 봉토를 조성한 2차 성토-개석 및 동편 호석설치-개석상부봉토 조성의 5단계로 구분된다. 조사

도 Ⅳ-36-1 교동Ⅱ군9호분

결과 봉분은 직경 남북 17.6m, 동서 12.5m로 남북으로 긴 타원형이다.

매장주체부는 횡구식석실묘로 규모는 길이 6.7m, 너비 1.3m, 높이 2.0m이며 세장 방형의 평면형태를 띤다. 개석은 화강암제를 사용하였으며 총 9매이다. 바닥에는 남·북에 시상대를 2곳 마련하였다. 북쪽의 정연하지 않은 시상대는 횡구부에서 40cm 떨어져 있으며 꺾쇠와 다수의 철기 편, 토기류와 철모 등이 출토되었는데, 이는 순장자의 공간일 가능성이 있다. 주피장자 공간은 남쪽 시상대이며 3겹으로 정연하게 시상을 깔았으며, 남벽에 접한 약 1m를 부장공간으로 이용하였다. 남단벽의 남동모서리를 중심으로 다량의 토기류를 부장하였고, 은제장식, 행엽 등 금속유물은 토기류의 북쪽에 부장하였다. 석실내 공간의 구성이 10호분과 동일하다.

남단벽 외측 봉토내에서는 말이빨이 출토되어 말이 제의에 사용된 것을 알 수 있다.

부장품은 대도, 철모, 철촉, 재갈, 심엽형행엽, 성시구, 좌목선 교구, 철지은장금구, 등자 등 다수의 금속기류, 유개고배, 대부장경호, 유개대부파

도 Ⅳ-36-2   교동Ⅱ군9호분과 출토유물

수부완과 같은 토기류가 출토되었다.

　9호분은 부장품과 배치로 볼 때 5세기 후엽 축조된 10호분의 배총으로 판단된다.

(6) 주차장 조성부지내유적(도 Ⅳ-37)

이 고분은 10호분의 서쪽에 위치한다. 북쪽으로는 완만한 경사면에 Ⅰ군 15~20호분이 열상으로 배치되어 있다. 2009년 국립가야문화재연구소가 교동고분군 주차장 내 배수로 조성을 위한 입회 조사에서 고분의 개석 및 벽석 일부가 노출되어 긴급발굴조사를 실시하였다. 조사결과 삼국시대 횡구식석실묘 1기와 조선시대 건물지가 확인되었다.

횡구식석실묘는 개석 상부봉토분은 대부분 유실되었지만 내부는 도굴의 피해를 입지 않아 양호하게 잔존하고 있었다. 봉분은 호석 등을 통해 직경 19m로 추정된다. 호석은 이중으로 조성되었고 호석 앞쪽으로는 주구가 설치되어 있으며, 일부 구획성토 양상도 확인되었다. 횡구식석실묘는 묘역정지, 호석과 매장주체부 조성, 석실 상부 밀봉, 봉토조성의 4단계의 공정으로 축조되었다. 매장주체부의 주축방향은 동-서로 등고선과 평행하며 규모는 길이 6.5m, 너비 1.4m, 높이 1.7m의 세장방형이다. 개석은 총 9매로 이루어졌던 것으로 추정되며 입구쪽 1매는 결실되었다. 입구는 서쪽으로 벽면 전체를 이용하였으며 묘도는 3.2m 가량 잔존한다. 묘도는 벽과 바닥 모두 별도 시설 없이 조성하였다. 폐쇄는 밖에서 안으로 석재를 이용하여 입구를 막고 흑갈색사질점토로 묘도부 전체를 채운 후 상부에 봉토를 성토하였다. 토층에서 추가장의 흔적은 확인되지 않는다.

석실의 공간 구성은 두부측 부장, 주피장자 안치, 족부 부장, 순장자, 입구 부장 등으로 구분된다. 특히 족부 부장공간과의 경계에는 벽석 크기의 석재를 열상으로 놓아 구획하였고 족부와 입구의 부장공간 사이에는 바닥에 회를 깐 흔적과 순장인골도 확인되었다.

부장품 중 토기류는 두부측, 족부, 입구의 3곳에서만 확인되며, 주피장 안치공간에는 은제과대 및 장식, 삼엽문환두대도 및 장식, 관옥, 화살촉, 은제띠장식, 'U'자형 삽날 등이 부장되고, 등자, 안교, 경판, 운주 등의 마구류는 두부측 부장공간에서 출토되었다. 순장공간에서는 인골 편과 대도, 도자 등이 출토되었다. 주차장 조성부지내 횡구식석실묘는 출토 유물로 볼

도 Ⅳ-37 교동Ⅱ군주차장부지 유적내 고분과 출토유물

때 비화가야양식 토기가 주류를 이루는 5세기 후엽에 조성된 것으로 편년된다. 이 고분은 도굴되지 않아 석실내 공간 구성을 잘 알 수 있었으며, 이를 통해 도면과 사진이 미비한 일제강점기 발굴 고분과 근래 조사된 도굴된 고분의 내부를 복원하는 귀중한 자료를 제공하였다.

(7) Ⅱ군14(구31)호분(도 Ⅳ-38)

이 고분은 1918년 10월 19일부터 21일까지 3일간 하마다 고사쿠와 우메하라 스에지에 의해 Ⅱ군29(구21)호분과 함께 조사되었다. 조사 당시 봉분의 직경은 16.6m, 높이는 석실 바닥으로부터 3.9m이다. 봉분 중앙에서 수직으로 파내려가 석실의 개석 또는 벽석 일부를 들어내고 안으로 들어가 조사하였기 때문에 봉분과 석실 축조방법 등에 대한 조사는 이루어지지 않았다.

석실은 길이 5.5m, 너비 1.4m, 높이 1.9m이다. 석실은 큼직한 할석으로 쌓았는데, 입구인 북서 단벽을 제외한 나머지 세 벽은 같이 쌓고, 그 후 동

도 Ⅳ-38 일제강점기 교동Ⅱ군14호분 출토유물

북 및 서북 장벽 안쪽에 들여 북서 단벽을 바깥에서 할석을 채워 막은 횡구식석실이다. 양쪽 장벽은 아래에서 위로 가면서 안으로 기울게 쌓았는데, 모양이 사다리꼴이다. 벽면의 위쪽에는 긴 할석 8매를 뚜껑으로 덮었다. 입구는 북서쪽에 두었는데, 바닥에서 개석 아래까지 돌을 채워 넣어 막은 형태로서 북서벽 전체를 사용하였다.

석실의 공간 구성은 관대를 중심으로 그 상하의 세 부분으로 구분된다. 관대의 남쪽 입구 반대쪽인 남동 단벽에서 약 1m까지는 바닥시설이 없이 호, 고배, 유개연질옹 등 토기가 60여 점을 부장하였다. 토기 부장칸에서 북서쪽으로 2.6m 사이에는 편평한 할석을 세우고, 그 안에 자갈을 채워 만든 관대가 있는데, 높이는 30cm 이상이다. 이 관대 위의 남동쪽에 치우쳐 이식 1쌍이 나왔고, 남동쪽과 북서쪽 가장자리에서 2열로 정연하게 8매의 철정이 나왔는데 관 밑에 깔았던 것으로 보인다. 입구 앞쪽 공간에는 부장품이 보이지 않으나 순장자가 있었을 가능성이 있다.

14호분은 6세기 전엽에 조영되었다. 이 고분은 구조가 횡구식이고 출토 토기가 크게 두형식으로 나뉘어지는 점으로 볼 때 추가장이 이루어졌을 가능성이 있으나 관대에서는 확인되지 않는다. 소형분임에도 불구하고 대가야산 금제 수식부이식이 출토된 점이 주목된다.

4) 3군(송현동 고분군)(도 Ⅳ-39, 40)

(1) 6호분(도 Ⅳ-41)

이 고분은 서쪽의 7호분과 이어져 있어 외형적으로는 표형분瓢形墳이다. 이 무덤에 대한 분포조사는 1917년에 이루어졌지만, 그 이후 조사가 되지 않은 채 오다가 2003년부터 2004년에 걸쳐 경남문화재연구원에서 봉분을 중심으로 한 발굴조사를 실시하였고, 이후 국립가야문화재연구소가 이를 인계받아 2004년부터 2006년까지 학술발굴조사를 실시하였다.

봉분은 직경 22m, 잔존 높이 8.5m이다. 원래 경사가 심한 지면을 계

도 Ⅳ-39   일제강점기 송현동고분군

도 Ⅳ-40 송현동6, 7호분

도 Ⅳ-41 송현동6호분

단 모양으로 깎아 편평하게 만들고, 한가운데에 'L'자식으로 남-북 방향의 지면을 파고, 그 안에 길이 8.5m, 너비 1.4~1.6m, 높이 2.2~2.6m 크기의 세장한 횡구식석실을 만들었다.

　석실은 대체로 긴 장방형의 할석을 이용하여 축조하였는데, 동쪽과 서쪽 장벽은 아래에서 위로 향하면서 안으로 기울어 단면 제형梯形이고, 남쪽과 북쪽의 단벽은 수직이다. 석실 벽면 전체에는 붉은색과 검은 갈색의 안료가 발라져 있었는데, 점토를 바른 위 또는 벽에 사용한 돌 표면에 발라 전체적으로 석실 내부가 검붉게 보인다. 벽에 칠한 안료는 고대 벽화나 단청에 주로 쓰이는 산화제이철(Fe_2O_3)과 망간을 화합한 것으로 밝혀졌다.

　입구는 북쪽의 단벽에 마련하였는데, 구덩이를 깊이 1.6m로 비스듬하게 파고, 동쪽과 서쪽 벽을 개석 끝에서 1.6~2m 정도 밖으로 길게 뻗어 나오게 쌓았다. 입구로 사용한 벽은 바닥에서 1.6m 높이까지 쌓고, 그 위쪽에서 개석 아래까지 입구로 이용하였는데, 입구는 바깥에서 돌을 채워 넣어 폐쇄하여 안쪽 면이 정연하지 못하다. 그런데 입구로 사용한 후 밖에서 채워 넣은 것으로 추정되는 폐쇄석의 안쪽 면에 점토를 덧바른 후 검붉은 색의 안료를 칠하였는데 돌로 막은 후 석실 안쪽에서 점토와 안료를 칠하였다면, 개석을 덮기 전에 막을 수밖에 없어 횡구식의 구조로는 불가능하다. 따라서 횡구식이나 추가장이 되지 않은 것으로, 7호분, 15호분도 같은 구조로 보고 있다.

　석실 바닥은 남쪽 단벽에서 1.2m 떨어진 곳에서 북쪽으로 3.3m 길이까지 편평한 할석을 깔았는데, 북쪽 일부에는 크기 20cm 내외의 할석이 한 단 더 놓여있었다. 이 할석은 목관을 고정하기 위한 시설로 추정된다. 관은 남아있지 않았지만, 7호묘에 목관이 바닥돌 위에 놓여있었던 점을 감안하면, 이 바닥돌 위에 목관이 놓였던 것으로 보인다. 바닥 돌의 북쪽 끝에서 북쪽 단벽까지는 암반 위에 네모로 다듬은 각목이 비스듬하게 2매 놓여있었다. 이 각목은 7호묘 바닥에도 놓여있었는데, 그 예로 보아 6호분의 바닥돌 끝인 북쪽의 공간 전체에 비스듬하게 놓은 것으로 추정된다.

부장품은 바닥돌이 깔리지 않은 남쪽 단벽의 남동 모서리에서 유개고배·연질옹 등 크기가 작은 토기, 바닥돌 위에는 칠漆편과 농공구류, 마구류 등이 매납있었다. 나무 막대가 놓인 북쪽 공간에는 유개고배·호 등의 토기류만 나왔다. 폐쇄석과 가장 가까운 곳에서 안교鞍橋가 출토되었다.

6호분의 조사는 봉토를 쌓는 기술, 경사면에서의 고분 축조기술과 함께 석실의 내부 공간 활용 방식 등을 밝힐 수 있었다. 6호분은 석실 구조와 출토유물 등으로 보아 7호분과 같은 시기인 5세기 말에 축조된 것으로 추정된다.

(2) 7호분(도 Ⅳ-42, 43)

이 고분은 6호분의 북쪽 호석 및 봉토의 일부를 깎아내고 붙여서 만들었다. 봉분의 평면은 동서보다 남북이 더 긴 장타원형이며 직경 20m, 잔존 높이 5.6m이다.

이 고분은 지면을 정지하고, 석실을 만들 중앙부를 'L'자 모양으로 파고, 경사가 심한 서쪽은 계단 모양으로 지면을 깎아 편평하게 만든 후, 계단 모양의 평탄면에는 풍화암반편이 들어있는 점질토를 묘광 높이까지 쌓고, 그 안에 석실을 만들었다.

석실은 주축방향이 남북향이고, 길이 8.4m, 너비 1.8m, 높이 2.3~2.6m이며, 평면 세장방형이다. 석실은 긴 깬돌을 가로쌓기 하여 축조하였는데, 동·서 장벽은 아래에서 위로 가면서 안으로 조금씩 기울게 쌓았다. 석실 위에는 9매의 개석을 덮고, 그 위에 할석을 뚜껑 위와 주변에 얹고, 입구 폐쇄석 위까지 갈색 점토를 발라 밀봉하였다. 개석 위를 돌과 점토로 밀봉한 후, 이 높이까지 봉토와 호석을 쌓았다. 그 후 다시 흙을 올려 봉분을 만들었다.

입구는 북쪽 단벽에 마련하였는데, 북쪽 벽 뒤쪽으로 지면을 비스듬하게 파고, 동서 장벽이 비스듬한 면을 따라 바깥으로 향해 나팔모양으로 벌어지는 형태이다. 그 길이는 2.4m이다. 이 경사진 바닥면과 나팔모양으로 뻗은 벽이 있는 곳이 묘도인데, 묘도가 봉분을 가로질러 호석까지 이어지지 않고 끝난다. 석실 밀봉토가 폐쇄석까지 밀봉한 점으로 볼 때 추가장한 횡구식석실로 보기 어렵다.

석실내는 남쪽 벽에서 북쪽으로 1m까지 유개고배와 개배 등의 토기를 부장하였다. 토기군에서 북쪽으로 3.3m까지의 바닥에는 사람 머리 크기만 한 할석을 2~3겹 깔았는데, 동쪽과 서쪽 가장자리가 가운데보다 약간 높게 되어있다. 이것은 둥근 목관이 움직이지 않게 받치기 위한 것이다. 받침돌 중앙에는 길이 3.3m, 너비 80~90cm의 주舟형 목관이 안치되었다. 목관의 동서 양 가장자리 바닥돌 위에는 목기·마구·칠기·무기 등이 위아래로 포개어져 부장되었다. 북쪽 가장자리의 받침돌에서 북쪽 단벽까지의 바닥

도 Ⅳ-42 송현동7호분

도 Ⅳ-13 송현동7호분

124 _ 비화가야

에는 다듬은 나무 막대 12매가 비스듬하게 놓여있었고, 나무 막대 위와 아래, 그리고 북동벽 모서리에는 토기류가 놓여있었다. 작은 토기들은 3개의 소쿠리 안에 담겨 있었다. 바닥에 유물을 놓고 그 위에 풀 또는 풀로 만든 자리를 덮고 그 위에 다시 유물을 놓고 풀로 덮었다.

송현동7호분은 자연 지형을 봉분으로 이용하는 방식, 봉분을 쌓는 방식과 기술, 석실 내부 공간 활용, 주형목관, 썩지 않고 남아있는 나무 용기류와 칠기류 등은 고대의 토목 기술과 매장방식 및 절차 등을 이해할 수 있는 많은 정보를 제공해주었다.

7호분은 석실 구조와 출토유물 등으로 보아 6호분과 같은 시기인 5세기 말에 축조된 것으로 추정된다. 7호분에서는 일본열도산 녹나무제 배 저판을 관으로 전용한 목관이 확인되어 주목된다.

(3) 15호분(도 Ⅳ-44~46)

이 고분은 12호분의 봉분과 이어져 있고, 아래쪽에는 16호분의 봉분과 이어져 있는데, 조사결과 이 고분의 호석이 16호분의 호석 위에 만들어졌고, 이 고분의 봉분도 16호분의 봉분 위에 겹쳐져있어, 16호분을 만든 후에 이 고분이 축조된 것을 알 수 있다.

봉분은 동서 직경 22.4m, 잔존 높이 4.37m이고, 평면형태는 남-북보다 동-서가 긴 타원형이다. 고분을 만들기 전 지표면을 깎아내고, 경사가 심한 부분은 석축을 쌓고 흙을 쌓아 편평하게 만들었다. 봉분의 중심부에 동-서로 긴 장방형의 묘광을 파고, 그 안에 석실을 만들었다.

개석 위에는 할석을 덮고, 그 위에 녹색 점토를 바르고 그 위에 다시 적갈색 점토를 다졌다. 개석 위에 할석을 덮으면서 동시에 봉분의 밑부분을 만들고, 그 위에 호석을 돌리고, 봉토를 쌓았다. 봉분은 중앙부를 향하여 약간 경사지게 층층이 쌓아 내사향성토 방식으로 쌓았다. 봉분의 바깥면에는 붉은색 점토를 10cm 두께로 피복하여 봉분 속으로 물이 스며드는 것을 막고 또 봉토 내의 습기를 일정하게 유지시켜 봉분이 내려앉는 것을

도 Ⅳ-44 송현동고분군

126 _ 비화가야

도 Ⅳ-45 송현동15, 16호분 발굴 전경

막고자 하였다.

　석실은 긴 할석으로 쌓았고, 동·서쪽 장벽과 남쪽 단벽을 동시에 쌓은 후, 북쪽 단벽을 쌓았다. 석실은 주축이 동-서 방향이고, 길이 8.5m, 너비 1.7m, 높이 2.2m로서 평면 세장방형이다. 천장과 벽에 회가 발려 있다. 동서 장벽은 아래에서 위로 가면서 안으로 기울어 단면 제형梯形이다. 벽 위에는 길고 편평한 할석 8매를 뚜껑으로 덮었다.

도 Ⅳ-46 송현동고분군

　　바닥은 도굴이 심하여 매장 당시의 본래 모습은 알 수 없으나, 남쪽 단벽에서 1m 가량 떨어진 곳에서부터 북쪽으로 2.7m까지의 바닥에는 넓적한 할석을 놓았는데, 관을 놓기 위한 자리였다. 관은 확인되지 않았으나 원래는 바닥돌 위에 놓였을 것이다. 북쪽 벽 가까이에는 3구의 순장자 인골과 부장품이 나왔는데, 그중 2구는 도굴에 의해 머리뼈와 다리뼈만 남았다. 한구는 온전하였는데, 신장이 1.3m 정도이다. 부장품은 유개고배·호 등의 토기와 이식·반지 등의 장신구, 마구류가 있었다.

　　북쪽 단벽이 입구로 추정되었지만, 입구를 막은 폐쇄석이 정연하고, 폐쇄석 위에 덮은 녹색 점토도 떨어진 흔적이 없었으며, 입구가 있는 바깥의 봉분에는 묘도가 없으며 다른 곳과 같이 쌓은 점에서 추가장이 이루어지지 않았음을 알 수 있다.

　　부장품은 금동제 관, 금제 패환, 소환이식, 금동제, 은장 마구 등이 출토되었다. 15호분은 석실 구조와 출토유물 능으로 보아 6세기 초에 축조된 것으로 추정된다. 이 고분에서는 순장인골에 대한 분석과 복원이 이루어져 주목된다.

(4) 8호분(도 Ⅳ-47)

이 고분은 송현동6, 7호분에서 서쪽으로 약 50m 떨어진 북쪽 곡부로 이어지는 사면부에 독립적으로 위치한다. 1917년 이마니시 류가 작성한 분포도에 위치만 표시되어 있으며 1919년과 1931년 분포도에 28호분으로 명기된 고분이다.

2015년 경남발전연구원에 의해 조사되었다. 봉분은 직경 11m, 높이 2.9m로 경사가 급한 서쪽사면에 호석과 함께 점성이 강한 봉토로 5단계의 공정으로 축조하였다.

매장주체부는 반지하식의 횡구식석실이며 북단벽에 입구를 두었다. 현실은 길이 5.6m, 폭 1.3m이다.

부장품은 전벽과 후벽 근처에서 금동관 편과 토기류가 다수 출토되었다. 시기는 부장된 토기로 볼 때 6세기 초로 파악된다. 중형분임에도 불구하고 금동관이 출토된 점이 주목된다.

도 Ⅳ-47 송현동8호분과 출토 유물

非火加耶

Ⅴ. 유물

1. 토기

가야토기는 원삼국시대 와질토기에서 발전한 것으로 도차陶車로 성형한 후 1,200℃ 이상의 고온을 내는 등요登窯에서 환원염소성하여 제작된 것이다. 초기에는 회청색경질토기가 출현하는 가운데 와질토기가 함께 공반되기도 한다. 가야토기의 출현시기는 김해 대성동29호묘와 양동리235호묘 출토의 회청색경질토기와 함안 도항리35호묘 출토품으로 볼 때 3세기 중엽으로 본다.

가야토기는 4세기에는 김해 금관가야양식과 함안 아라가야양식이 주류를 이루고, 5세기 초가 되면 고성 소가야, 고령 대가야, 창녕 비화가야양식 토기가 성립하여 주류를 이룬다.

5세기 창녕양식 토기의 특징적인 기종은 유충문 개, 유개식 상하일렬투창고배, 무개식 상하일렬투창고배, 직립구연 유개식장경호, 유충문이 시문된 소형의 유대파수부완, 경부에 돌대를 돌린 단경호, 발형기대, 통형기대 등이다.

비화가야양식 토기는 창녕 동리고분군, 계남리고분군, 교동고분군 출토품으로 볼 때 5세기 초를 전후하여 본격적으로 출현하며, 크게 5세기 전엽 양식과 5세기 중엽의 양식으로 구분된다.

그런데 필자는 일찍이 5세기 전엽 비화가야양식토기를 설정하고 합천 옥전고분군을 비롯한 낙동강하류역의 상하일렬투창고배를 중심으로 한 토기군을 비화가야양식 토기가 이입된 것으로 보았다(박천수 2003).

이에 대해 앞에서 언급한 바와 같이 조성원은 필자가 제기한 김해 가달고분군 출토품 등 낙동강하류역의 이시기 토기를 창녕양식을 설정할 수 없고 범영남식 창녕산이라는 모호한 개념을 제기하였다(조성원 2010).

하승철도 필자가 5세기 전엽 창녕양식으로 본 일군의 토기 가운데 동리고분군 출토 이단일렬투창고배는 낙동강하류역과의 교류를 통하여 출현한 것으로 창녕지역 양식으로 볼 수 없다고 주장하며 5세기 전엽 창녕양식 토기의 존재를 부정하였다(하승철 2014).

앞에서 언급한 바와 같이 필자가 설정한 창녕양식은 조성원이 설정한 것처럼 범영남식 창녕산으로 볼 수 없다. 또한 창녕지역 이단일렬투창고배가 낙동강하류역보다 늦은 것으로 보는 하승철의 견해는 동리고분군 출토 이단일렬투창고배가 4세기말에서 5세기 초로 편년하는 창원시 도계동15호묘 출토품보다 늦은 것으로 보는 것에 기인한다. 창녕 동리고분군에서는 이 시기에 해당하는 자료가 발굴조사되지 않았지만 창녕지역과 같은 토기양식권에 해당하는 청도군 봉기리4호목곽묘 등에서는 이 시기의 이단일렬투창고배가 존재하고 있다. 그리고 무엇보다도 그가 유사한 형식의 고배가 출현한다고 본 창원 도계동고분군, 창원 합성동고분군, 김해 능동고분군, 김해 대성동고분군 등에서는 공통적으로 기종구성이 창녕 동리고분군, 청도 봉기리고분군과 동일하게 이단일렬투창고배-이단일렬투창고배+이단교호투창고배-이단교호투창고배로 변화한다. 그런데 여기에서 이단교호투창고배는 모두 창녕양식으로 널리 인정되고 있는 유충문개를 공반한 형식이다.

필자는 이미 2001년부터 낙동강하류역 일군의 이단일렬투창고배가 창녕양식인 것으로 주장하였다. 이는 동리고분군에서 이단일렬투창고배와 공반된 단추형뚜껑은 창녕양식으로 인정되는 이단교호투창고배와 공반된 대각도치형개와 동일한 유충문이 시문되고 이 형식의 뚜껑이 창녕양식으로 인정되는 이단교호투창고배와 공반된 점에서 증명되었다. 게다가 필자가 창녕양식으로 본 낙동강하류역의 이단일렬투창고배는 예외 없이 모두 창녕양식으로 인정되는 유충문개를 공반한 이단교호투창고배와 공반되는 점에서도 그러하다. 나아가 이러한 토기에는 직구장경호, 경부돌대 단경호, 전면파상문 발형기대, 유충문 유대파수부호 등과 같은 동리고분군 출토 창녕양식 기종이 반드시 공반되고 있다.

5세기 전엽 비화가야토기양식은 다음과 같다(도 V-1).

개는 단추형 손잡이를 가진 것으로 점렬문이 시문되며 유충문으로 불릴 정도로 폭이 넓은 것이다.

유개식고배는 배신이 깊고 뚜껑받이 턱이 U자형에 가깝게 깊게 들어가며 기고에 비해 배신 지름의 비율이 넓은 것으로 각부가 이단일렬투창의 팔자형이다.

무개식고배는 대각의 형태는 유개식과 동일하나 그 가운데 상당수가 연질에 가까울 정도로 소성된 것이 특징이다.

유개식장경호는 구경부가 직선적인 점과 함께 대각이 달리지 않은 것이 특징이다.

발형기대는 파상문을 주로 시문하며 투창은 삼각형에서 세장방형으로 변한다. 배신과 대각의 경계부에 유충문이 시문되는 것과 배신뿐만 아니라 대각에도 파상문이 시문되는 것이 특징이라 할 수 있다.

소형의 유대파수부완은 신부에 유충문이 시문된 것이 특징이다.

단경호는 경부에 돌대를 돌린 것으로 동부에는 타날을 지우지 않는다.

5세기 중엽의 비화가야토기양식은 다음과 같다(도 V-2).

개는 대각도치형 손잡이를 가진 것으로 점렬문이 시문되는데, 이 점렬문은 유충문으로 부를 수 있을 만큼 폭이 넓다.

유개식고배는 배신이 얕고 각부의 형태가 제형이며 투창은 이단교호투창이다. 다투창고배와 일단장방형투창고배가 이 시기에 출현한다.

유개식장경호는 구경부가 직선적인 점과 함께 대각이 달리지 않은 것이다.

발형기대는 파상문을 주로 시문하며 투창은 삼각형에서 세장방형으로

도 V-1 5세기 전엽 비화가야양식(창녕 동리고분군 출토품)
1~7: 동리7호목곽묘 | 8: 농리3호석곽묘

도 V-2 5세기 중엽 비화가야양식(창녕 동리·계남리고분군·합천 옥전고분군 출토품)
1: 동리1호석곽묘 | 2, 3, 6: 옥전M1호분 | 4, 5: 동리3호석곽묘 | 7: 계남리1호분

변한다. 배신과 대각의 경계부에 유충문이 시문되는 것과 배신뿐만 아니라 대각에도 파상문이 시문되는 것이다.

통형기대는 전면에 파상문이 시문되고 각부가 장고형이며 화염형의 투창이 뚫린 것이 특징이다.

소형의 유대파수부완은 몸체에 유충문이 시문되었다.

단경호는 이전 시기와 같은 형식이다.

2. 장신구

1) 관과 관식(도 V-3, 4)

관冠과 관식冠飾은 신분을 나타내는 정치적 장신구이며 재질은 금, 은, 금동으로 나뉜다. 신라의 왕릉과 왕족묘에서는 금관이 확인되지만 신라의 지방과 가야지역에 이입된 신라관은 대부분 금동관이다. 계남리1호분, 교동Ⅰ군 7호분(구7호분), Ⅱ군10호분(구89호분), 송현동15호분, 송현동8호분에서는 금동관이 출토되었다.

계남리1호분출토품은 산山자형의 입식의 관이나 파편으로 입식의 정확한 형태를 알 수 없다. 대륜의 주연부의 상하에는 정면에서 2열의 송곳과 같은 도구로 찍어내는 축조로 점렬문으로 구획하고 그 안에 거치문과 원문을 시문하였다. 대륜과 입식의 중앙에 원형의 보요步搖를 1열로 달아 장식하였다.

Ⅰ군7호분 출토품은 파손된 것을 우메하라 스에지에 의해 작성된 복원도에 따르면 폭 18.2cm, 높이 15.2cm, 대륜폭 3cm이며 3개의 山자형의 3단 수지樹枝형 입식을 리벳으로 대륜에 고정한 것이다. 대륜의 주연부의 상하에는 파상문을 시문하였으며 대륜에는 2열 입식에는 1열로 원형의 보요를 달아 장식하였다. 현재 실물의 행방을 알 수 없다. 그런데 2011년 우리

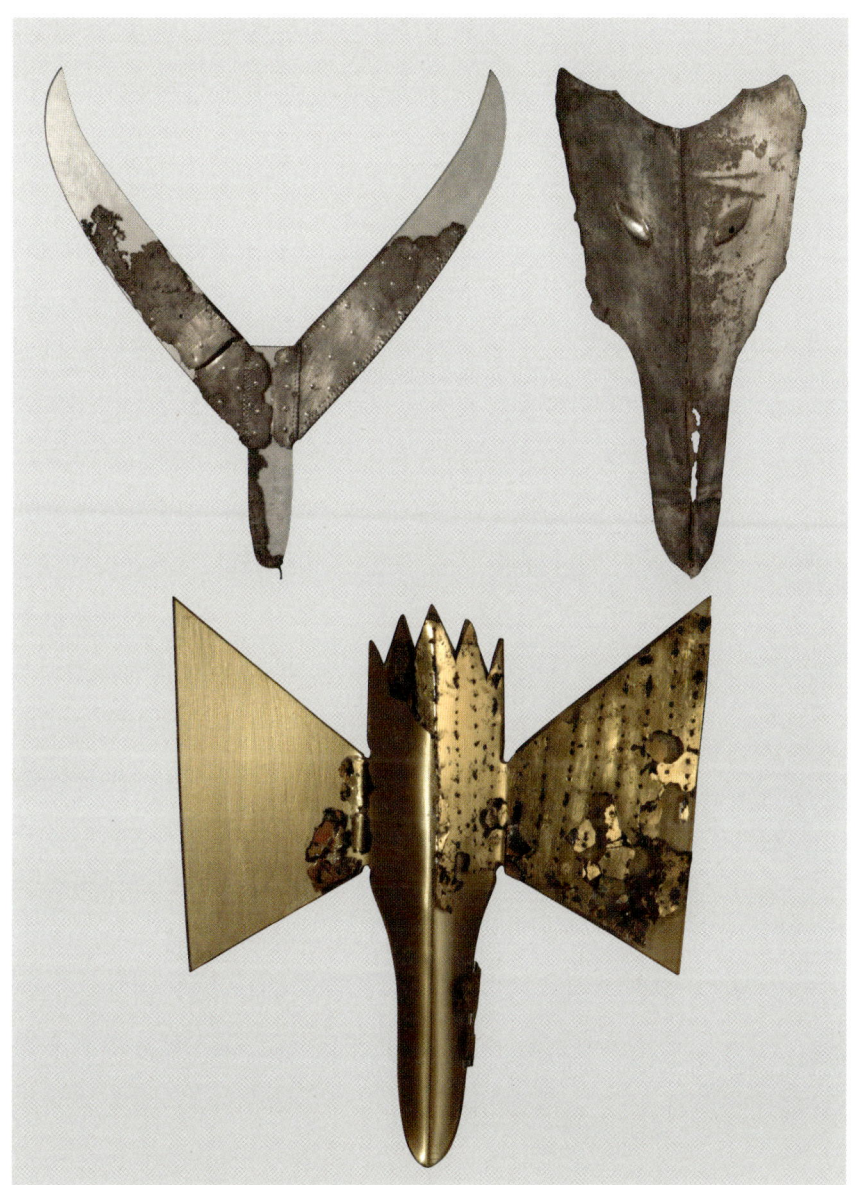

도 V-3 창녕지역 출토 관식(교동Ⅰ군11호분)

문화재연구원에 의한 재조사에서 4편의 금동관 편片이 확인되었다. 이 금동관 편은 입식의 일부로 굴곡으로 볼 때 녹각형 입식으로 판명된다. 또한 둥근 볼록장식이 2개씩 있는 것이 있어 Ⅰ군7호분에는 형태가 다른 2점의

도 V-4 창녕지역 출토 관모와 관식(도쿄박물관)

금동관이 부장되었던 것으로 파악하였다(장기명·김혁중 2015: 119-120).

Ⅱ군10호분 출토품은 파편만 확인되어 정확한 형태를 알 수 없다. 송현동15호분 출토품은 파편으로 山자형의 입식의 관이나 파편으로 대륜과 입식의 정확한 형태를 알 수 없다.

송현동8호분 출토품은 파손이 심하나 형태의 복원이 가능하다. 수지형의 山자형 입식은 폭이 아래에서 위로 갈수록 좁아지며 좌우의 주연부에는 송곳과 같은 도구로 뒷면에서 타출하여 1열의 점열문을 시문하였다. 입식의 상하에는 둥근 볼록장식이 3.3cm간격으로 배치하고 그 중앙에는 상하로 구멍을 뚫어 보요를 달았던 것으로 보인다.

관식은 계남리1호분에서는 금동제 조익형鳥

翼形 관식이 1점 출토되었다. 교동Ⅱ군10(구89)호분과 Ⅱ군1(구동아대1)호분에서 은제 관식 1점이 출토되었다. 교동Ⅰ군 11호분에서는 금동제 접형蝶形 관식 1점, 은제 조익형관식 1점, 은제 관식 1점이 출토되었다. 이 고분에서 출토된 나비모양의 관식은 경주에서 아직까지 확인된 바 없는 형태이다. 유사한 형태로 의성 탑리와 강릉 초당동출토품이 있다.

  도쿄국립박물관 보관 오구라 타케노스케小倉武之助 반출 전 창녕 출토 금동제 관모는 고깔형의 모帽에 조익형관식을 달았다. 관모는 고깔모양으로 정수리부분에서 각이 지도록 꺽어 수평을 이룬다. 양판은 뒤쪽을 제외하고 전면을 사격자문으로 투조하였고, 이 두 판을 복륜으로 감싸고 꼭지 부분에서 동사로 감아 고정하였다. 사격자문의 교차점마다 둥근 보요를 달았으며 조익형 관식에도 모두 보요를 달았다. 조익형관식은 관모의 측면에서 사선방향으로 붙어 있으며 위쪽 끝이 잘린 삼각형이다. 관모와 관식의 주연부에는 1줄의 점열문과 보요로 장식하였다. 경주지역 외에서 금동제 관모가 출토된 예는 없다. 그 외 오구라 반출품에는 금동제 조익형 관식이 있는데, 의성 탑리2곽 출토품과 유사하다.

  교동Ⅱ군3(구동아대3)호분 출토 철제 관식은 모관으로 보고 있지만, 후술하는 바와 같이 관모주로 판단된다.

2) 이식(도 V-5)

이식耳飾은 고대 사회에서 귀에 걸어서 몸을 치장하는 용도뿐만 아니라, 신분과 지위를 상징하는 장신구였다. 이식은 크게 수하식垂下式이 없는 소환素環이식과 수하식이 있는 수식부垂飾附이식으로 분류된다. 또한 주환主環의 굵기에 따라 세환이식細環耳飾과 태환이식太環耳飾으로 구분된다.

  계남리1호분 출토 추형錐形 수하식이 부착된 금제 이식은 고구려의 이식과 유사하다. 신라에서도 유례가 많지 않은 형태의 이식으로 의성 탑리2곽, 천마총출토품이 있으며, 고구려로부터 신라를 경유하여 이입된 것으로

도 Ⅴ-5 창녕지역 출토 수식부이식

1: 계남리1호분 | 2: 계성Ⅱ지구1호분 | 3: 송현동7호분 | 4: 교동Ⅰ군7호분 | 5: 교동Ⅰ군12호분

보고 있다.

창녕지역에는 화려한 신라산 수식부이식이 이입되었다. 대표적인 것으로 교동Ⅰ군12호분(구12호분), 계성A지구1호1관, 계성Ⅱ지구1호분출토품 등이 있다. 계성Ⅱ지구1호분출토 금제 태환이식은 경주 황오동5호분출토품과 흡사하지만 중간식과 수하식에 유리가 갑입된 것이 다르다. 계성Ⅱ지구1호분출토품은 중간식의 상부에 14개의 심엽형 보요가 있는데 청색의 유리를 갑입한 것과 그 중간을 세로로 누금으로 장식한 것을 교대로 달았다. 중간식의 하부에는 12개의 같은 방식으로 보요를 달아 장식하였다. 장식펜촉형인 수하식에는 지름 1.5~2mm 정도의 소형 청색유리제 구슬을 감입 장식하였다.

한편 창녕지역에서는 대가야산 금제 수식부이식도 출토되어 주목된다. 대가야산 금제 수식부이식은 산치자山梔子 나무 열매 모양의 수하식가 달린 이식이 대표적이다. 교동Ⅱ군14(구31)호분, 계성A지구1호1관, 교동고분군출토품이 있으며 합천 옥전M4호분의 이식도 산치자형 수하식과 소환연접입방체의 중간식을 가진 점에서 유사하다. 이 시기 대가야 수식부이식은 합천 옥전M4호분 출토 이식에 중간식하에 소환연접반구체, M6호분 출토 이식에는 사슬 대신 통형의 금구를 사용한 점에서 신라이식의 영향이 엿보이며, 전반적으로 장식성이 강화되는 방향으로 변화한다. 계성A지구1호1관의 묘주는 신라산과 대가야산을 같이 착장한 점이 특이하다(도Ⅴ-5).

3) 경식頸飾(도 Ⅴ-6)

비화가야에서는 수정, 경옥, 마노, 유리 등 다양한 종류의 옥이 관옥, 환옥, 다면옥 등의 여러 형태로 가공되어 출토되고 있다. 환옥의 색상은 청색이 대다수이다. 교동Ⅱ군10호분에서는 청색 바탕에 황색 유리를 반점처럼 감입한 상감유리옥이 출토되었는데, 이는 로마, 사산조 페르시아 장식유리옥을 모방하여 신라에서 제작한 것으로 경주 황남대총, 천마총 등에

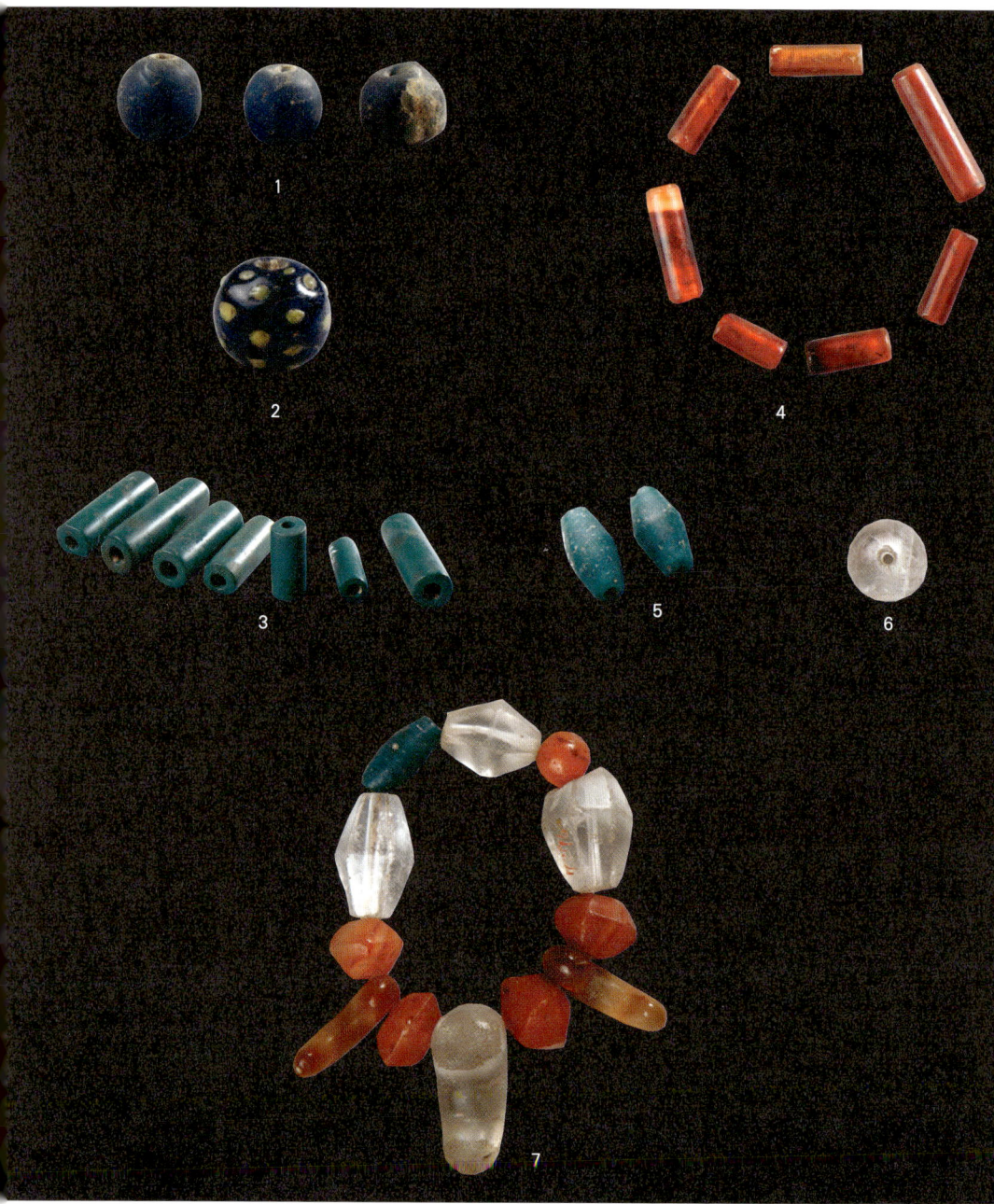

도 Ⅴ-6 창녕지역 출토 장식구슬

1, 2: 교동Ⅱ군10호분　｜　3, 4: 교동Ⅰ군7호분　｜　5: 교동Ⅰ군12호분　｜　6: 교동Ⅰ군11호분
7: 교동Ⅰ군12호분

서 출토사례가 있다. 곡옥曲玉은 교동I군12호분에서 경옥硬玉, 수정, 마노제가 각각 출토되었다. 경옥은 일본열도 니가타현新潟縣의 이토이가와糸魚川산이다 같은 시기의 옥전고분군 출토품에 비해 회색이며 투명도가 낮은 것들이다.

교동I군7호분에서는 흉식의 연결금구인 금동제 금구가 출토되었다. 신라의 왕릉과 왕족묘에 출토되는 흉식이 존재하였음을 알 수 있으며, 이 고분 피장자의 위상을 추정할 수 있다.

4) 완식과 반지(도 V-7)

완식腕飾 즉, 팔찌는 팔목에 끼는 장신구이다. 삼국시대 완식은 주로 유리, 금, 은, 금동으로 만들었는데, 그 형태에 따라 한 번에 만들어진 환형環形과

도 V-7   창녕지역 출토 완식과 지륜
1: 교동I군7호분 | 2: 교동I군12호분 | 3: 교동I군11호·12호분 | 4: 계성II지구 1호분

긴 막대를 구부려 둥글게 만든 고리형連結形으로 구분된다. 또한 팔찌의 표면에 무늬가 없는 것도 있지만 각목문과 원형 돌기문으로 장식한 것이 많다. 금제 완식은 교동Ⅰ군11호분과 Ⅰ군12호분, 계성A지구1호1관에서는 출토되었는데, 11호분(구11호분)과 12호분에서는 각목문 완식, 1호1관에서는 원형 돌기문완식이다. 은제 완식은 교동Ⅰ군7호분(구7호분), 계성Ⅱ지구1호분 등에서 출토되었다.

　즉 반지斑指는 주로 금과 은으로 만든다. 얇은 금판이나 은판을 둥글게 말아서 중앙의 폭이 넓고 가장자리를 좁게 하여 만든다. 격자문格子文, 각목문刻目文과 구슬로 장식을 하기도 한다. 금제 반지는 교동Ⅰ군7호분, 송현동15호분 등에서 출토되었다. 은제 반지는 교동Ⅰ군12호분 등에서 출토되었는데 양 주연에 각목문을 시문하였다(국립김해박물관 2014: 60-64).

5) 대장식구(도 Ⅴ-8, 9)

『삼국사기』에 따르면, 신라인은 신분에 따라 각기 다른 재질의 허리띠를 착용했다고 한다. 고분에서는 출토 당시 유기질부분은 모두 부식되어 그 표면에 장식한 금속제의 장식만이 남아 있다. 대장식구帶裝飾具는 관과 같이 금제, 은제, 금동제로 나뉘는데 착용했던 사람의 지위를 반영하는 것이다. 창녕지역에 출토된 대장식구 가운데 투조 과판과 수하식을 가진 대장식구는 10여 점이다. 문양의 투조는 역심엽형逆心葉形 과판, 삼엽문三葉文 투조과판, ×자문이 있다. 역심엽형 장식을 사용한 대장식구는 5점이다. 창녕지역 출토 투조 대장식의 다양한 문양은 경주에는 잘 보이지 않는 예가 있다. 예를 들면 계남리1호분, 교동Ⅱ군1호분(동아대1호분), Ⅱ군10호분(구89호분)과 송현동7호분과 같이 과판 수하식의 내부 문양이 등지고 있는 쌍엽문雙葉文을 서로 연결해서 표현하는 것은 이 지역에서 만들었을 가능성이 지적되고 있다. 교동Ⅰ군12호분(구12호분)에서는 완전한 형태의 역심엽형 장식이 달린 은제 대장식구가 출토되었다(국립김해박물관 2014: 66).

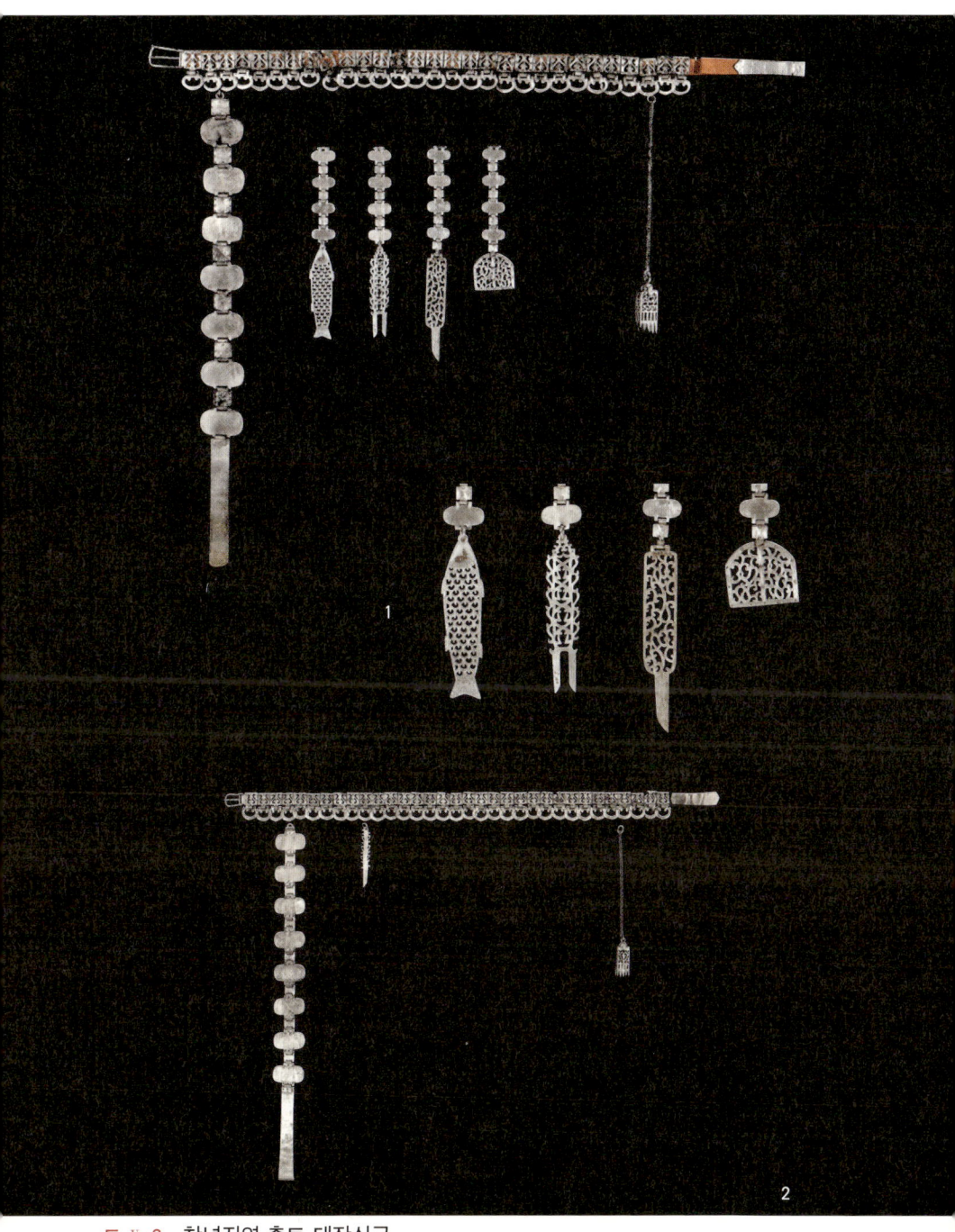

도 V-8 창녕지역 출토 대장식구

1: 교동I군12호분 | 2: 교동주차장 조성부지 내 유적

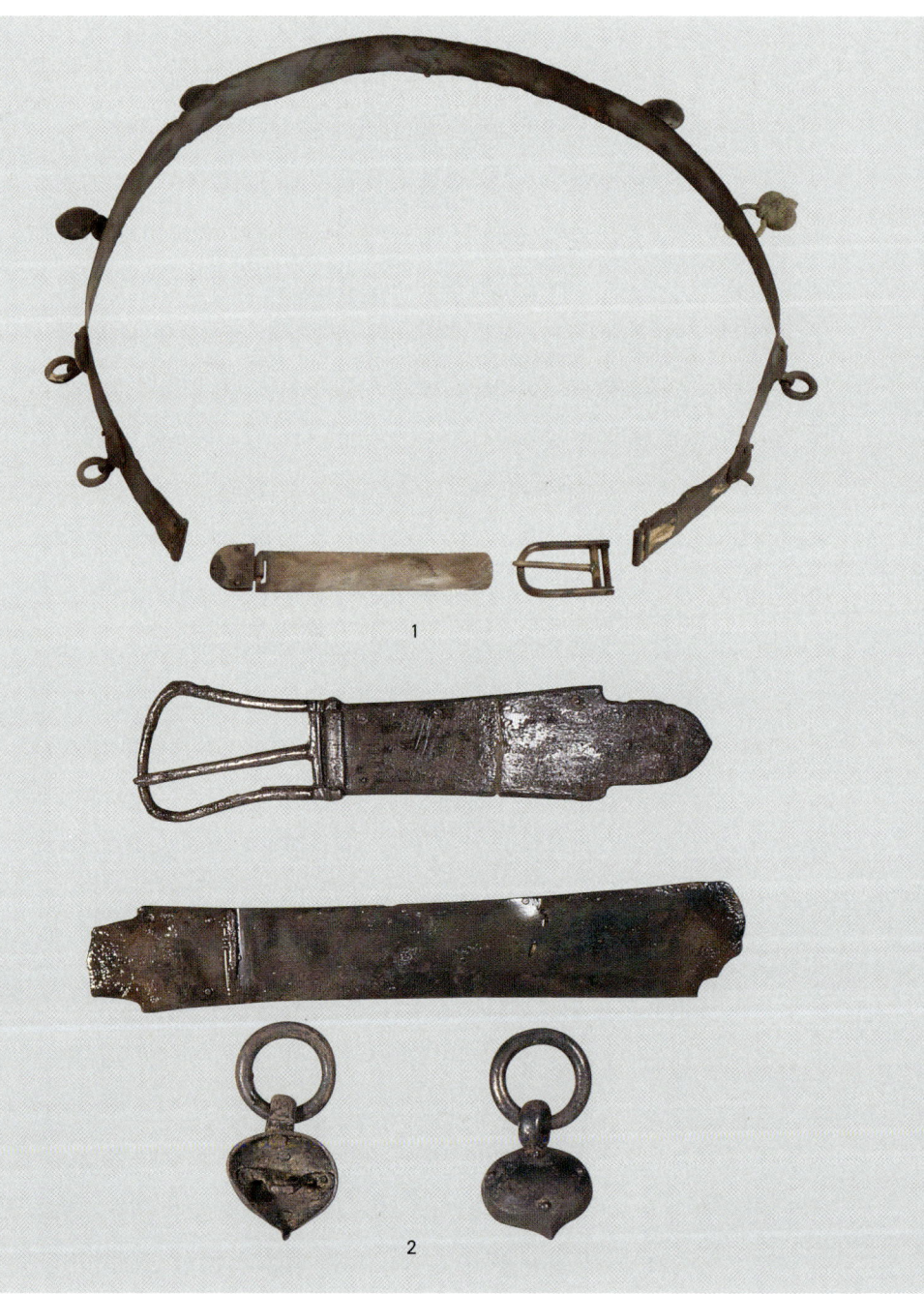

도 Ⅴ-9 창녕지역 출토 대장식구

1: 교동I군11호분 ｜ 2: 계성A지구 1호2관

6) 식리(도 V-10)

식리飾履는 삼국시대 왕릉을 비롯한 지배자층의 무덤에서 주로 출토되며, 얇은 금동판으로 제작된 점, 크기가 발의 크기보다 월등히 큰 점, 뒤축이 각이 진 것이 특징적이다.

특히 바닥에 스파이크와 보요가 있고, 바닥과 바깥 측면에 보요와 같은 장식이 있으나 안쪽에는 없는 점에서 시신의 발을 모으게 하여 착장시킨 것으로 보고 있다. 즉 모여지는 안쪽에는 보요를 장식할 필요가 없었기 때문이다. 이러한 특징 때문에 실생활에 쓸 수 없는 장례용으로만 만들어진 것으로 보고 식리라 부른다.

식리는 3, 4매의 금동판을 금동사와 금동못으로 고정하여 만든다. 그리고 표면에는 각종 문양을 투조하거나 타출하여 장식하였다. 금동제 식리는 관, 대장식구와 함께 당시 사회에서 지배자층에 사용된 것으로 피장자의 권위와 위세를 알 수 있는 대표적인 장신구 중 하나이다. 이는 백제 무녕왕릉에서 부장된 것에서도 알 수 있으며, 특히 신라에서는 금관 다음으로 중시된 장신구였다.

교동Ⅱ군10호분(구89호분)에서 출토된 금동신발은 파편만 남아있다. 신발코와 발등을 감싸는 부분 그리고 바닥판 일부가 확인된다. 발등을 감싸는 부분은 '凸'자 모양의 문양을 투조하였다. 영락을 달았던 흔적도 확인된다. 유사한 자료로 의성 탑리고분 출토품이 있다.

이외에 창녕에서 출토된 것으로 전하는 것이 오구라 타케노스케 반출품으로 도쿄국립박물관에 보관되어 있으며, 10호분 출토품과 같은 '凸'자 문양의 것으로 바닥에는 보요를 달아 장식하였다(국립김해박물관 2014: 70).

도 Ⅴ-10 창녕지역 출토 식리

1: 도쿄박물관 | 2: 교동Ⅱ군10호분

3. 무기

1) 장식대도

장식대도는 칼 손잡이 형태에 따라 그 종류가 나뉘어진다. 소환두대도素環頭大刀, 삼엽문환두대도三葉文環頭大刀, 삼환두대도三環頭大刀, 용봉문환두대도龍鳳紋環頭大刀, 원두대도圓頭大刀, 규두대도圭頭大刀, 귀면장식대도鬼面裝飾大刀 등이 있다. 창녕지역의 대형분에서는 용봉문환두대도, 삼엽문환두대도, 원두대도, 방두대도가 출토되었다.

용봉문환두대도는 둥근 고리모양의 환두부과 그 안쪽에 용과 봉황으로 장식한 것으로 백제와 대가야의 장식대도이나, 창녕지역 출토품은 모두 대가야산이다. 교동I군10호분에서 출토되었으며, 고리 안쪽에 용과 봉황이 서로를 등지고 있다. 용봉문환두대도는 장식대도 가운데 가장 높은 위계를 차지하는 칼로 당시 각종 금속공예기술이 망라되어있다. 교동1군10호분 출토 금동제 용봉문환두대도는 용문의 의장과 제작기법으로 볼 때 옥전M3호분 출토품과 같이 대가야에서 제작되어 이입된 것으로 추정된다. 오구라 타케노스케 반출 도쿄국립박물관 소장의 용봉문환두대도가운데 전 창녕 출토품이 수 점 있으며 그 제작지도 대가야이다(도 V-11).

도쿄국립박물관 소장의 용봉문환두대도 가운데 은상감 명문대도는 전 창녕출토품으로 제작지는 대가야산이다. 이러한 용봉문환두대도와 명문대도가 창녕지역 출토품인지의 여부를 확인하기 어려우나, 교동1군10호분에 대가야산 용봉문대도가 부장되었고, 후술하는 교동I군11호분 출토 금상감 원두대도가 대가야산인 점에서 가능성이 크다.

교동I군11호분 출토 원두대도에는 명문이 확인되어 주목되는데, 명문은 '上部先人貴?內'로 판독되고 있다(이영식 1993). 이영식은 이 명문의 선인先人을 고구려의 관직명으로 보고 고구려산인 환두대도가 신라를 거쳐 전해진 것으로 파악하였다. 즉, 고구려를 등에 업은 신라가 비화가야에 진출하고자 가야국왕을 회유한 것으로 생각한 것이다.

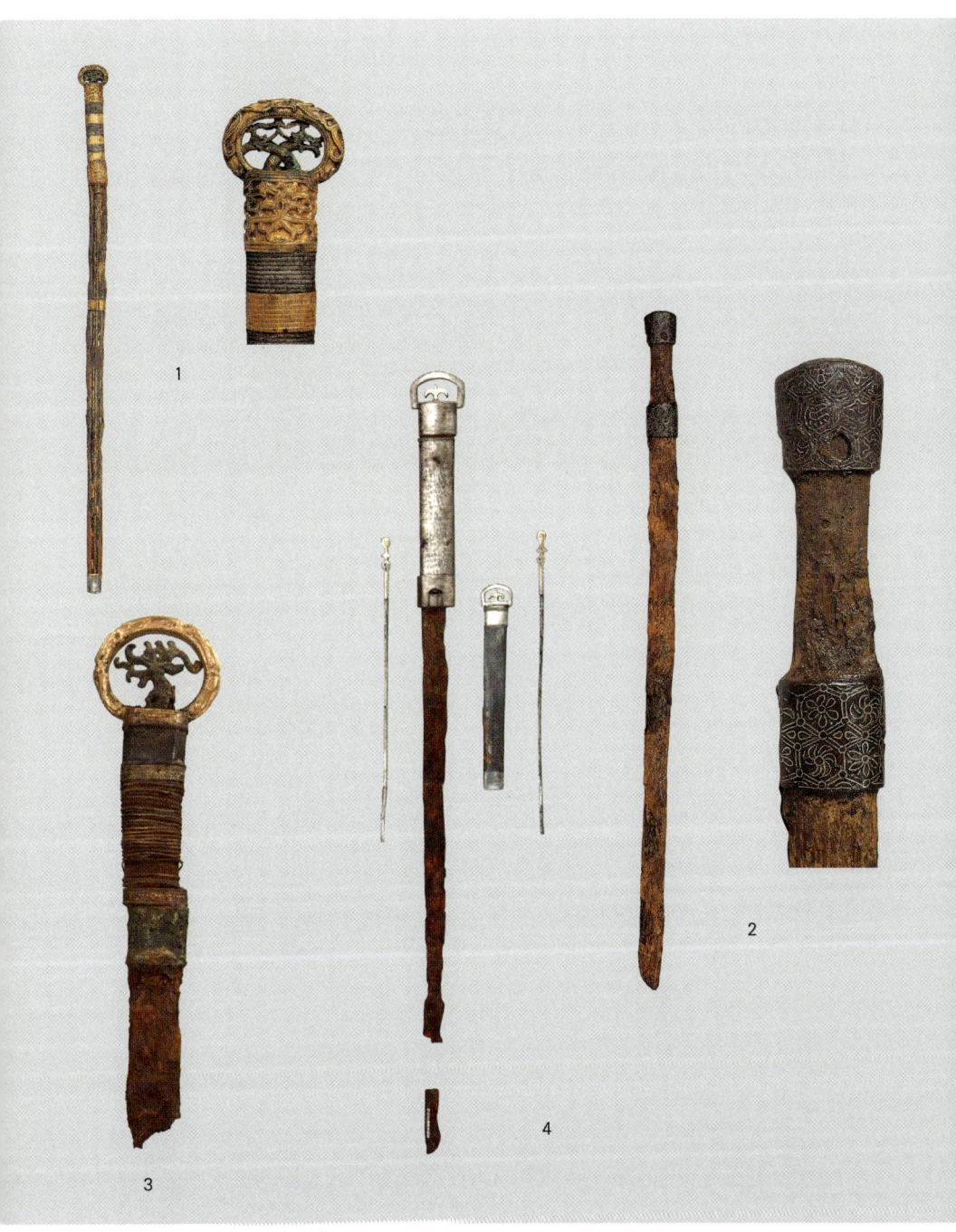

도 V-11 창녕지역 출토 장식대도
1: 교동I군10호분 | 2: 계성Ⅲ지구1호분 | 3: 도쿄박물관 보관품 | 4: 송현동7호분

그렇다면 11호분 출토 명문대도의 제작지는 과연 어디인지 고고학적으로 논해보고자 한다 (도 V-12). 11호분 출토 명문대도는 공주 송산리4호분 출토품에 유례가 있어 백제산으로도 추정되기도 하였다. 필자는 교동 11호분 명문대도가 송산리4호분 대도와 전체적으로 유사하지만 원두 측면에 능삼문을 새긴 문양띠가 있는 점이 다르고 이 문양띠는 대가야의 금동제 용봉문환두대도와 마구에 널리 사용되는 점(金宇大 2017)에서 대가야산으로 본다. 이를 방증하는 것이 도쿄박물관 소장 명문환두대도와 귀貴자의 서체가 유사한 점(이영식 2017)과 명문 내용이 길상구吉祥句인 점에서도 그러하다. 이는 필자가 논증한 바와 같이 전 창녕 출토 도쿄박물관 소장 명문환두대도가 대가야산이며, 인접한 7호분의 배총인 10호분에서 대가야산 용봉문환두대도가 출토된 점에서도 방증된다(박천수 2018).

삼엽문환두대도는 칼손잡

도 V-12 창녕 교동Ⅰ군11호분과 전 창녕지역 출토 명문대도

상: 교동Ⅰ군11호분 | 하: 도쿄박물관 보관품

이 끝의 고리 안쪽에 세 갈래의 잎을 형상화하여 장식한 것으로 신라의 장식대도이다. 송현동7호분에서 출토된 대도는 자도가 있고, 문양이나 구성에서 의성 학미리1호분에서 출토된 것과 유사하다. 교동주차장부지내고분 출토품은 자도가 없는 것으로 전자에 비해 위계가 낮은 것이다.

방두대도는 계성Ⅲ지구1호분에서 출토되었다. 이것은 병두부柄頭部에 은상감銀象嵌된 구갑문龜甲文은 화문花文과 결합되었으며 병두부가 방두형을 한 이 대도는 직접적인 비교 자료는 없으나 구갑문과 화문 등으로 은상감하는 제작기법은 남원 월산리M1-A호분 출토 백제산 환두대도와 비교할 수 있다. 백제에서 제작된 대도가 대가야를 경유하여 비화가야에 이입된 것으로 본다.

2) 철모(도 Ⅴ-13)

철모鐵鉾와 철창은 긴 자루 끝에 날을 붙인 찌르는 무기이다. 철모는 공부에 목병을 삽입하는 것이며, 철창은 신부를 목병에 끼우는 것이다.

4~6세기 철모는 창의 날 부분의 단면이 마름모꼴로 되어 있으며 자루를 끼우는 공부의 끝 부분은 제비꼬리 모양으로 되어 있다. 공부에 반부가 부착된 반부철모盤附鐵鉾도 있다. 이외 이지모二枝鉾, 삼지모三枝鉾와 삼지창三枝槍이 있다.

교동Ⅱ군10호분에서는 철모와 함께 물미가 다수 출토되어 5m전후의 장창이 부장되었음을 알 수 있다.

반부철모는 교동Ⅱ군1호분, 3호분, 10호분 등에서 출토되었으며, 고구려에서 유래된 신라의 특징적인 무기이다.

이지모는 송현동7호분에서 목병이 장착한 채로 출토되었으며, 교동Ⅱ군10호분에도 있다. 삼지모는 교동고분군 주차상부지유적에서 출토되었다. 삼지창은 계남리1호분에 있으며 날이 형성된 것이다.

다지창은 목병의 접합 방법을 기준으로 크게 두가지 형식으로 분류된다. 공부를 제작하여 목병을 끼우는 형식과 여러개의 철봉을 단접하여 완

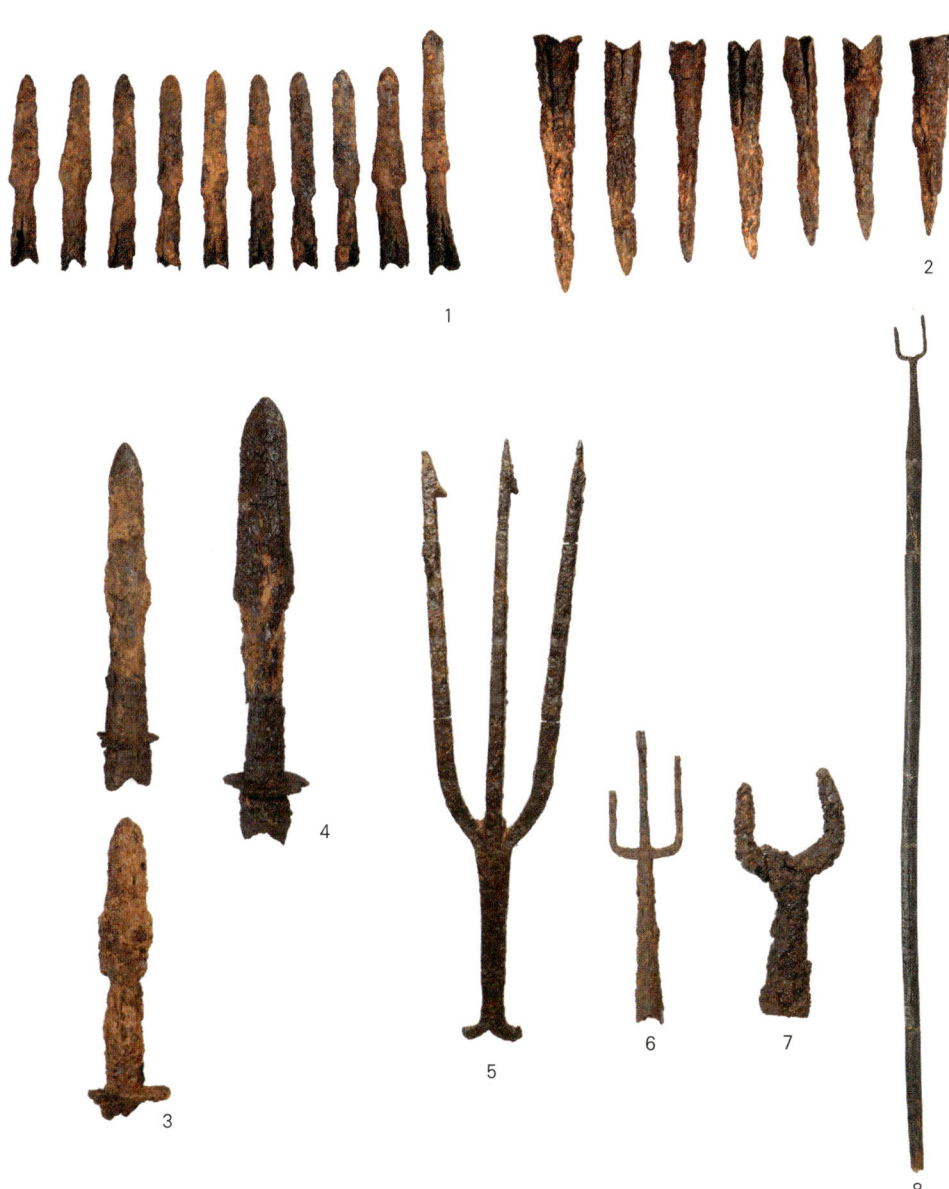

도 V-13 창녕지역 출토 철모

1, 2: 교동Ⅱ군10호분 | 3: 교동Ⅱ군3호분 | 4: 교동Ⅱ군1호분 | 5: 계남리1호분
6: 교동고분군 주차장 조성부지 내 유적 | 7: 교동Ⅱ군10호분 | 8: 송현동7호분

성한후 이를 목병과 연결하는 형식이다. 전자는 경주 천마총, 경주 노동리 4호분을 비롯하여 안동 조탑동C호분, 대구 죽곡리고분, 대구 달서37호분2곽 등 신라지역에 집중적으로 분포하지만 후자는 합천 옥전M3호분, 거제 장목고분, 김해 대성동2호분, 김해 본산리여래리Ⅱ-40묘 등 가야지역에 주로 분포하고 있다(김도영 2016: 383-384). 계남리1호분 출토 삼지창은 후자에 속하는 것이다.

김해 예안리고분군에 대한 분석 결과, 철모는 장년이상의 남성이 묻힌 무덤에서 높은 점유율을 보이는 것에서 남성 전사집단이 소유한 무기로 보았다(김두철 2003).

대형분에서는 철모가 복수 부장되는데, 계남리1호분에서는 11점, 계남리3호분에서 7점, 교동Ⅱ군10호분에서 10점이 확인되었다.

은장철모銀裝鐵鉾는 공부 말단부를 은판으로 장식한 것으로 교동Ⅰ군10호분과 Ⅰ군11호분에서 부장되었다. 은장철모는 백제의 공주 무령왕릉, 함평 신덕고분, 고령 지산동44호분, 합천 옥전M1호분과 일본열도의 고분에서 그 출토 사례가 확인되며, 경주 식리총, 대구 비산동고분군 출토품과 같이 가야지역으로부터 이입된 것으로 판단된다. 한편, 교동Ⅱ군10호분 출토품은 신라 가야의 요소를 절충한 유담 은장철모인 점이 주목된다. 계남리1호분의 철모가운데 인부의 폭이 넓은 것은 백제지역 출토품과 유사하여, 살포와 같이 백제에서 이입되었을 가능성이 크다.

3) 활, 화살촉과 화살통(도 Ⅴ-14)

고대의 전사들은 활矢과 화살鏃 외에도 활을 넣기 위한 궁대와 화살을 넣기 위해 화살통矢筒을 지녔다. 화살통은 기능적인 요소 외에 금동, 은으로 장식한 것에서 신분을 표시하는 의장용 무구이기도 한다 화살통의 소재에는 주로 가죽이나 나무를 사용했다. 고분에서 출토되는 것은 유기질로 된 부분은 삭아 없어지고 금속으로 제작된 금구만이 남아 있다.

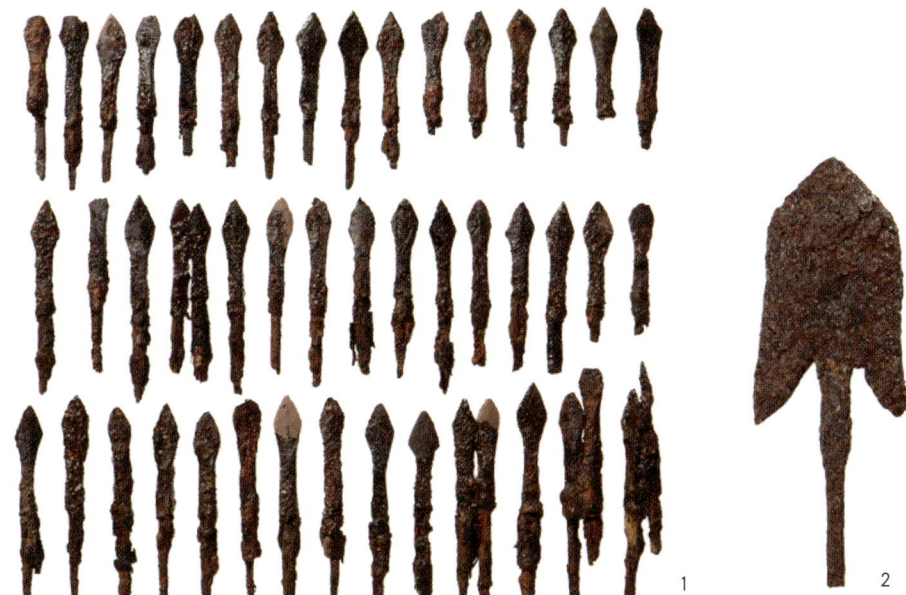

도 Ⅴ-14　창녕지역 출토 화살촉
1: 송현동7호분 ｜ 2: 계남리1호분

　　화살통의 전체 구성은 화살이 삽입되는 본체와 전용 허리띠부분 그리고 허리띠 연결을 위한 현수장치 세 부분이다. 본체는 형태에 따라 크게 두 가지로 나뉘는데 편평한 본체에 山자형 금구로 장식하고 허리띠와 연결을 위해 가운데가 둥근 금구가 있는 현수장치가 부착된다.

　　동리5호목곽묘에서는 금동제 山자형 금구로 장식하고 허리띠와 연결을 위해 가운데가 둥근 금구가 있는 현수장치가 출토되었으며 형식으로 볼 때 신라산이다.

　　계남리1호분, 교동Ⅱ군10호분, 교동주차장부지, 송현동7호분에서 출토된 화살통은 은장 단책형으로 경주 월성로고분군, 경산 조영동고분군 등에서 보이는 신라형 화살통이다. 모두 금구의 일부분만이 남았으며 철지은장鐵地銀裝이다. 양쪽에는 은이 도금된 둥근 머리의 못을 같은 간격으로 박았다. 계남리1호분 출토 화살통에는 은장 곡옥형장식이 보인다.

화살촉은 형태와 기능이 다양하며 기본적으로 뿌리莖의 유무에 따라 유경식과 무경식으로 나뉜다. 뿌리의 길이 따라 장경식長頸式과 단경식短頸式으로 나눌 수 있으며 촉신의 형태에 따라 도자형刀子形, 유엽형柳葉形, 역자형逆子形, 착두형鑿頭形, 삼익형三翼形 등으로 나눌 수 있다. 철촉은 촉신의 넓이에 따라 광형계와 세형계로 나누어지며, 세형계는 주로 실전적인 용도로 사용되었을 것으로, 광형계는 의기적인 성격이 짙은 것으로 보고 있다. 화살대 일부가 잘 남아 있는 것도 있으며 화살촉을 화살대에 고정하기 위해 감싼 유기물도 표면에 확인되는 사례가 있다. 광형계 화살촉은 수장묘에 부장되는 의장무기로서 계성리Ⅲ지구1호분에서 명적鳴鏑, 계남리1호분, 계성리A지구1호분 등에서 역자형의 대형촉이 출토되었다.

활은 송현동7호분에서 출토되었다.

4. 무구武具

1) 갑주(도 Ⅴ-15)

갑주甲胄는 지배자의 실제 전투에 사용되기도 하나 무위를 상징하는 의장용 무구이다. 몸통을 보호하는 갑甲은 크게 종장판갑縱長板甲과 대금계판갑帶金系板甲 그리고 찰갑札甲으로 나눌 수 있다. 판갑은 장방형이나 삼각형 등의 철판을 가죽 끈이나 못으로 연결하여 만든 갑옷이다.

종장판갑은 세로로 긴 형태의 철판을 가죽으로 엮거나 못을 이용해 결합한 갑주로 3세기에 출현하였으며 이전 시기에 가죽 갑옷이나 나무 갑옷보다 경갑頸甲과 같은 부속구를 지닌 정형화된 형태를 띠고 있다.

대금계판갑은 삼각판갑, 장방판갑, 횡장판갑으로 분류된다. 한반도에서 출토되는 대금계판갑은 종장판판갑과 형식학적으로 연결되지 않고, 출토량과 일본열도와 교류하는 곳으로 지역을 옮겨가며 시기별로 반입되는

도 Ⅴ-15 창녕지역 출토 갑주
1, 2, 4: 도쿄박물관보관품 | 3: 동리5호묘

것에서 일본열도산으로 추정된다(박천수 2007). 교동Ⅱ군3호분 출토 삼각판횡장판병용정결판갑三角版橫長版倂用丁結板甲은 교토부 우지후타코야마宇治二子山고분 출토품의 사례가 확인되며, 한반도내에서는 함양군 상백리 출토품과 유사성이 지적되었다(高久健二 1992: 259-260). 이 판갑은 일본열도산으로 파악된다.

찰갑은 일정한 크기의 소찰을 횡으로 연결한 다음 다시 종으로 수결하여 상하유동성을 가지도록 한 갑옷이다. 소찰을 좌우로 연결하여 전동前胴의 중앙에서 여미는 것을 동환식胴丸式, 전동과 후동後胴의 좌우 옆구리에서 여미는 것을 양당식兩當式이라고 한다. 이러한 찰갑은 부속구로 목가리개, 팔가리개, 팔뚝가리개, 상갑, 대퇴갑 등을 지니고 있다.

철제 찰갑은 고구려 벽화고분에 자세히 묘사된 점에서 고구려에서 신라와 백제, 가야로 전파된 것으로 본다. 4세기대 찰갑은 상하 유동성이 고려되지 않은 큰 철판으로 만들어지고 목가리개와 같은 부속구도 사용되지 않았다. 그러나 5세기대가 되면 상하 유동성이 확보되어 보관할 때 아랫단이 윗단 밖으로 접어지게 만들어져 괘갑挂甲으로 부르기도 한다.

5세기 가야지역에서 판갑이 제작되지 않는 것은 실용적인 찰갑이 널리 제작되었기 때문이다. 찰갑의 소찰小札은 대부분 편평한 형태이지만 오목해지는 허리 부위는 단면이 'S'자나 ')'자 'Ω'자 형태를 띤다.

비화가야에서는 교동Ⅱ군3호분, Ⅱ군10호분, 동리5호목곽묘에서 찰갑이 출토되었다. 교동Ⅱ군3호분 출토품은 허리부분이 'Ω'자형의 단면을 가지는 소찰로 제작되었다(국립김해박물관 2014: 86).

주冑는 교전시 전사의 머리를 보호하는 무구로서 다른 말로는 투구라고 한다. 갑과 동일하게 철을 비롯해 가죽 등 다양한 재료로 제작되었다. 4세기 초부터 출현하는 투구는 종장판주縱長板冑, 소찰주小札冑, 관모형복발주冠帽形覆鉢冑, 차양주遮陽冑 또는 미비부주眉庇附冑, 충각부주衝角附冑로 분류된다.

관모계 주와 그 계열의 것으로 생각되는 돌기부주突起附冑는 대가야권에서 복발부주를 개량한 형태로 파악된다. 합천군 옥전M3호분·반계제 가A호분에서 소찰과 폭이 넓은 방형지판을 가진 관모계주冠帽系冑가 출토되었다. 같은 형식의 금동제 주冑가 고성군 송학동1호분A-1호묘에서도 출토되었다. 돌기부주突起附冑는 교동Ⅱ군3호분출토품이 있다. 돌기부주는 합천군 반계제가A호분과 남원 월산리M5호분의 출토 사례로 볼 때 대가야에서 이입된 것으로 생각된다. 오구라 타케노스케 반출 도쿄국립박물관 보관 전 창녕 출토 금동제 돌기부주도 대가야산이다.

경갑頸甲은 목을 보호하는 것으로 동리5호목곽묘에서 출토되었다. 형태로 볼 때 신라에서 이입된 것이다.

비갑臂甲은 팔을 보호하는 것으로 오구라 타케노스케 반출 도쿄국립박물관 보관 전 창녕 출토품은 신라산 금동제로 경주 천마총출토품 등에 유례가 있다(김혁중 2014: 186).

5. 마구(도 Ⅴ-16, 17)

4세기대 실용적이던 마구馬具는 5세기 이후 금과 은으로 화려하게 만든 장식용 마구로 변화하는데 이러한 변화는 의장용 말의 출현을 의미한다. 즉 장식용 마구로 화려하게 꾸민 말은 지배자의 권위를 상징한다. 5세기대 신라는 고구려의 영향을 많이 받았지만 입주부행엽立柱附杏葉 편원어미형행엽扁圓魚尾形杏葉 등 독창적인 장식 마구를 발전시켜 나간다. 비화가야는 신라의 화려한 장식용 마구를 많이 수용하여 사용하였다. 그러나 장식용 마구를 수용하기만한 것이 아니라 이형판비異形板轡, 보요부형장식금구와 같이 신라에는 보이지 않는 마구를 대가야로부터 도입하거나 직접 고안하고 제작하였다.

안장鞍裝은 사람이 말에 올랐을 때 몸의 균형을 유지하고 편안하게 고정시켜주는 역할을 한다. 안장은 크게 앉는 부분인 좌목과 좌목 앞뒤에 부

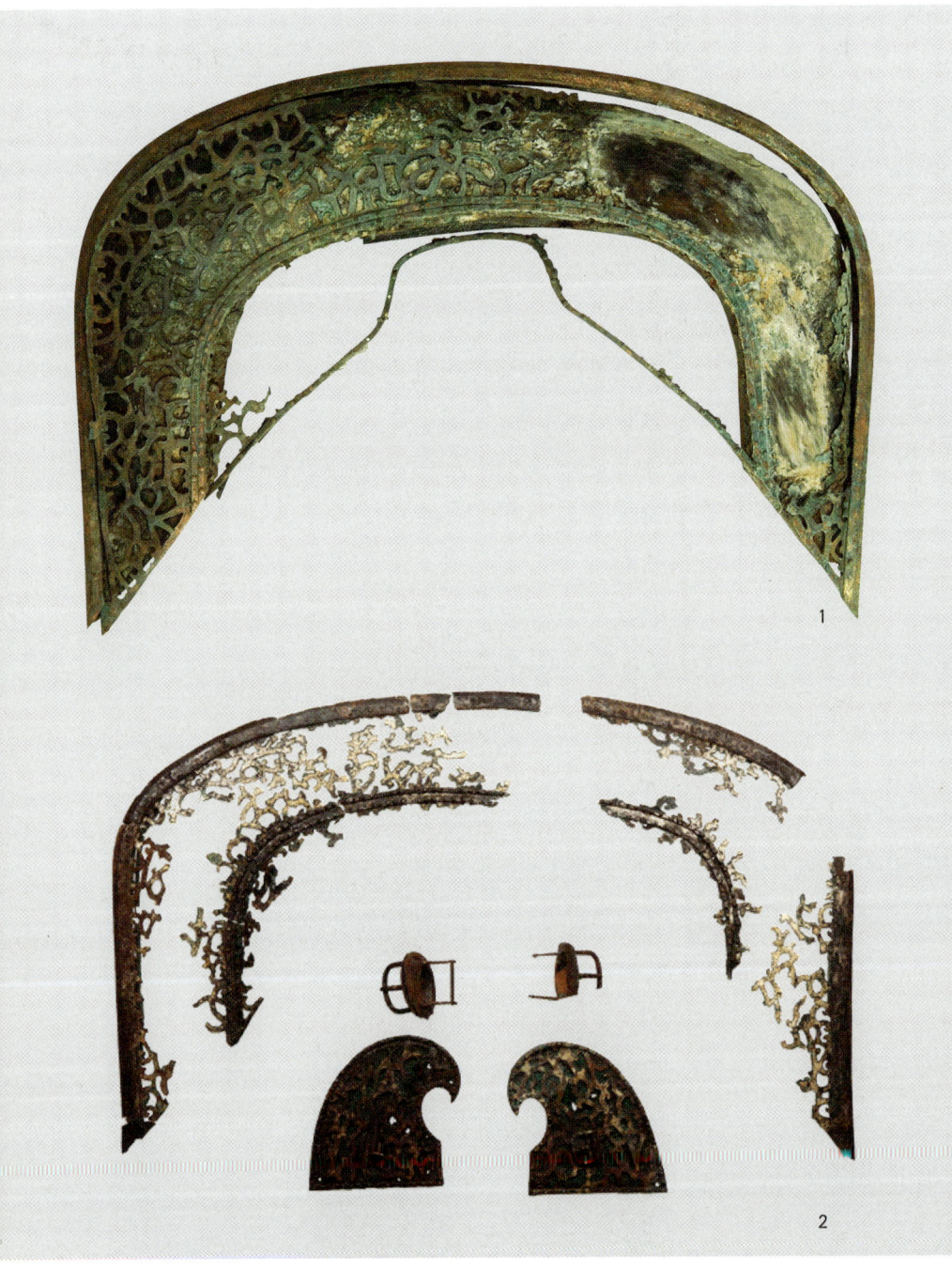

도 V-16 창녕지역 출토 마구
1: 송현동7호분 | 2: 교동I군11호분

도 V-17 창녕지역 출토 마구

1, 3: 교동I군11호분　|　2, 4: 송현동7호분

착되어 있는 전륜前輪·후륜後輪의 안교로 구성되어 있다. 보통 나무로 만들어진 좌목座木과 전·후륜의 바탕을 구성하는 안교판鞍橋板은 부식되어 없어지고 전·후륜의 금속제로 제작된 복륜覆輪, 좌목선금구座木先金具, 내연금구內緣金具, 좌목선교구 등만이 출토되는 경우가 많다.

  5세기 전엽의 동리5호목곽묘 출토 안교는 그 부속품이 모두 철제인 점, 좌목선금구 일체안인 점, 내연금구의 형태와 못을 사용하지 않은 구조가 경주 황남동110호분 출토 안장과 유사하여 신라산으로 보고 있다(이현정 2014: 176). 계남리3호분에도 같은 형식의 철제 안교가 출토되었다.

  교동I군7호분, 11호분과 송현동7호분에서는 금동투조안장金銅透彫鞍裝이 출토되었다. 나무로 된 안장의 틀은 부식되어 없고 주변을 장식하던 금구만 남아있다. 금구의 내부에는 도식화된 용문양이 투조로 장식되어 있다.

  행엽과 운주雲珠는 말을 장식하기 위한 장식구로 끈의 교차점에 운주가 부착되고 그 밑에 행엽이 달리게 된다. 행엽은 가슴걸이나 후걸이에 달아서 장식하는 마구이다. 금동판으로 장식하거나, 철판 위에 은판을 이용하여 화려하게 만든 것도 있다.

  편원어미형행엽은 신라에서 독자적으로 창안하여 만든 것으로 고구려의 영향으로 등장한 심엽형행엽을 대체하여 제작한 것으로 보고 있다. 계남리1, 3, 4호분 출토 편원어미형행엽은 철제의 지판위에 편원부와 어미부의 주연부를 철지은판을 따로 붙여서 장식한 고식이다. 교동Ⅱ군3호분, 교동Ⅱ군10호분 출토 편원어미형행엽은 어미부에 주연부 없이 철제의 지판 위를 도금한 신식이다.

  심엽형행엽은 고구려에서 기원한 것으로 신라의 특징적인 마구이다. 계남리3호분 출토 심엽형행엽은 철제지판 상부에 금동판을 부착하고 삼면에 철지금동장주연판을 돌려 장식한 5세기 중엽의 것이다.

  5세기 후반이 되면 심엽형행엽은 장식성이 강화된다. 송현동7호분 출토 심엽형행엽은 용문을 투조하였는데, 주연부에 방형의 투공을 돌린 점 등에서 대구 내당동55호분 행엽과 유사하다.

운주는 철판 위에 금동판을 붙여 장식하였으며 뒤걸이 가죽끈 위에 놓은 말띠장식이다. 가죽 띠에 부착하는 부분에 작은 기둥을 세우고 달개를 달아 장식하였던 것으로 보인다. 반구형 금동판 위에 작은 기둥을 세우고 달개를 달아 장식하였다. 이 지역의 무각소반구형운주無脚小半球形雲珠는 철지은피제鐵地銀皮製가 많으며 입주부운주立柱附雲珠는 철지금동장鐵地金銅張 혹은 금동제가 중심이다. 운주가운데에서 주목되는 것은 교동Ⅰ군11호분 출토의 입주부운주이다. 경주 황남대총 남분에 유례가 있으나 육각형의 좌를 가진 이 운주는 창녕지역에서만 출토되었다. 조합식반구형운주組合式半球形雲珠도 주목된다. 발부에 일본 오키나와산 조개(청자고둥)를 끼우고 모두 철지은피제로 만들었다.

마탁馬鐸과 마령馬鈴은 말에 장식하여 소리를 내는 장신구이다. 마탁은 종과 같이 아래쪽이 트여있고 설舌이라 불리는 막대가 몸통에 부딪치며 소리를 낸다. 마령은 방울로서 작은 돌이나 구슬이 원형의 동체안에 들어있어 몸통에 부딪쳐 소리가 난다. 마탁과 마령은 명문을 비롯하여 다양한 무늬로 장식하는 것이 특징이다. 교동Ⅱ군10호분 출토 마탁은 양면에 사격자문斜格子文과 그 안에 원형의 돌기로 장식하였다. 교동Ⅰ군11호분 출토 마령은 복발覆鉢과 같은 연꽃무늬와 네 방향으로 잎이 다섯 개의 꽃을 그려 장식하고 있다.

재갈銜은 말을 제어하는 데 쓰이며 함, 경판, 인수로 구성된다. 경판의 형태에 따라 표비, 판비, 환비로 분류된다. 표비는 계남리4호분, 교동Ⅱ군 3호분에서 출토되었다. 판비板轡는 교동Ⅰ군7호분, 송현동6·7·15호분, 계성Ⅲ-1호분에서는 모두 십자문심엽형판비十字紋心葉形板轡가 출토되어 강한 지역적인 특징을 보인다. 교동Ⅰ군11호분에서는 f자형판비를 모방하여 제작한 특이한 형태가 출토되었다. 이는 고령 대가야마구의 영향을 받아 창녕지역에서 독자적으로 제작하였을 가능성이 있다.

등자鐙子는 말을 탔을 때 두 발로 디뎌 안정된 자세를 취할 수 있도록 주는 마구이다. 안장에 매달아서 말의 양쪽이나 한쪽 옆구리에 늘어뜨린다. 가장 이른 시기의 것은 동리5호목곽묘 출토품은 목심철판피에 철대로 보강한 것으로 경주 황남동109호분3, 4곽, 부산 복천동10, 11호분출토품과 유사하며 신라산이다. 계남리1호분, 교동Ⅱ군3호분에서 출토된 등자는 목심철판피에 철대로 보강한 형식으로 경주 황남대총 남분 출토품과 유사하며 신라산이다(국립김해박물관 2014: 116-135).

6. 청동용기靑銅容器(도 Ⅴ-18)

청동합靑銅盒은 뚜껑蓋과 합盒이 짝을 이루는 공헌용의 그릇이다. 창녕에서는 교동Ⅰ군의 7호분·11호분에서 출토된 바 있으며, 일본 오구라 반출품 중에도 창녕에서 출토된 것으로 전하는 것이 있다. 특히 오구라 반출품의 청동합에는 바닥에 표식을 새겨놓은 점이 주목된다. 교동Ⅰ군7호분 출토품은 뚜껑 손잡이가 꽃봉우리 형태를 하고 있으며, 교동Ⅰ군 11호분 출토품은 보주형寶珠形의 손잡이 형태이다. 이러한 청동합은 신라에서 많이 출토되는데 이는 고구려의 영향으로 보인다.

각배角杯는 양이나 소의 뿔을 잘라서 술과 같은 음료를 마시던 풍습에서 비롯된 토기로 북방 유목민의 전통적인 용기이다. 교동Ⅰ군7호분에서 출토된 것은 청동으로 만들어진 것이다. 일반적인 뿔잔의 형태와 유사하지만 한쪽 끝이 뾰족하지 않고 원판을 덧대 마무리 하였으며, 양 끝에 끈을 매달 수 있게 고리를 만들었다. 신라·가야지역에서는 주로 흙으로 각배를 만들며 유사한 형태의 것은 부산 복천동고분군, 포항 냉수리고분, 동해 구호동고분군 등 신라지역에서 주로 출토되고 있다.

청동제 울두熨斗는 교동Ⅰ군7호분, 황남대총 북분, 천마총, 무령왕릉 등지에서 출토되었다. 교동Ⅰ군7호분 출토품은 천마총 출토품과 마찬가지로 손잡이를 나무를 덧대어 끼우도록 한 소켓식이며 황남대총 북분과 무령왕릉 출토품은 손잡이가 길게 한꺼번에 주조되어 있는 중실식中實式이다. 이

도 V-18 창녕지역 출토 청동용기
1: 교동I군7호분 | 2, 3: 교동I군11호분

러한 청동다리미는 다리미로 사용되었기 때문에 무덤의 주인공이 주로 여자로 보는 견해도 있으나, 이동식 화로火爐로 보는 의견도 있다.

초두鐎斗는 액체를 데우는데 사용했던 용기이다. 주구注口를 가진 몸통에 세 개의 다리가 달려있고 한 쪽에 손잡이가 붙어 있다. 주구의 형태를 동물머리獸頭모양으로 한 것이 많이 있다. 교동I군11호분을 비롯해 신라의 황남대총, 금관총, 천마총, 백제의 서울 풍납토성風納土城, 원주 법천리法泉里 등지에서 출토되었다. 교동I군11호분 출토품은 동물형의 다리에 뚜껑이 없으며 손잡이는 끝에 반원형의 장식이 달려있다. 거의 동일한 것이 고령에서 출토품으로 전해지는 오구라 타케노스케 반출 도쿄국립박물관 보관품이며, 유사한 것은 경주 황오리16호1곽 출토품이다. 서울 풍납토성, 원주 법천리고분군 등 백제의 것들은 주로 용머리를 손잡이 끝에 장식하였는데 경주 식리총과 집안集安 칠성산七星山96호분 출토품도 마찬가지이다. 청동 다리미와 마찬가지로 손잡이를 만드는 방식에 따라 황남대총 남분 출토품과 같이 소켓식인 것과 교동I군11호분, 금관총 출토품과 같이 중실형인 것 등으로 구분된다(국립김해박물관 2014: 90-95).

7. 철정(도 V-19)

철정鐵鋌은 쇠를 두들겨 만드는 단조鍛造로 제작된 철기의 소재로서 길이가 길고 묶어서 운반하기 좋게 양쪽이 넓은 철판으로 4세기 이전에 유행한 판상철부에서 발전한 것이다.

철정은 주로 10배수로 부장되는 양상이기 때문에 화폐, 또는 철소재, 혹은 양자의 기능을 모두 가진 것으로 보는 견해가 있다(송계현 1995).

필자는 가야 신라의 철정의 지역성에 대해서 김해, 부산, 경주, 일본열도 출토품을 분석하여 크게 금관가야형과 신라형으로 구분하여 일본열도에 이입된 철소재가 4세기대에는 금관가야, 5세기 전반에는 신라에서 이입된 것을 밝혔다(박천수 2007).

금관가야형 철정은 김해시 대성동1, 2, 3호묘, 부산시 복천동54호묘, 김해시 칠산동20호묘 출토품으로 볼 때 측면이 대칭이고 단부가 직선적인 것이 특징이다.

신라형 철정은 황남대총 남분, 북분, 천마총 출토품으로 볼 때 측면이 비대칭을 이루고 단부가 둥근 것이 특징이다.

4세기 말 계성리봉화골Ⅰ지구 9호수혈주거지에서 2점의 철정이 출토되었다. 파편으로 형식을 확정할 수 없으나 측면이 대칭이고 단부가 직선적인 금관가야형 철정으로 추정된다.

5세기 전엽 동리 5호 목곽묘에서는 측면이 비대칭을 이루고 단부가 둥근 신라형 철정이 6점 출토되었다. 그런데 이 시

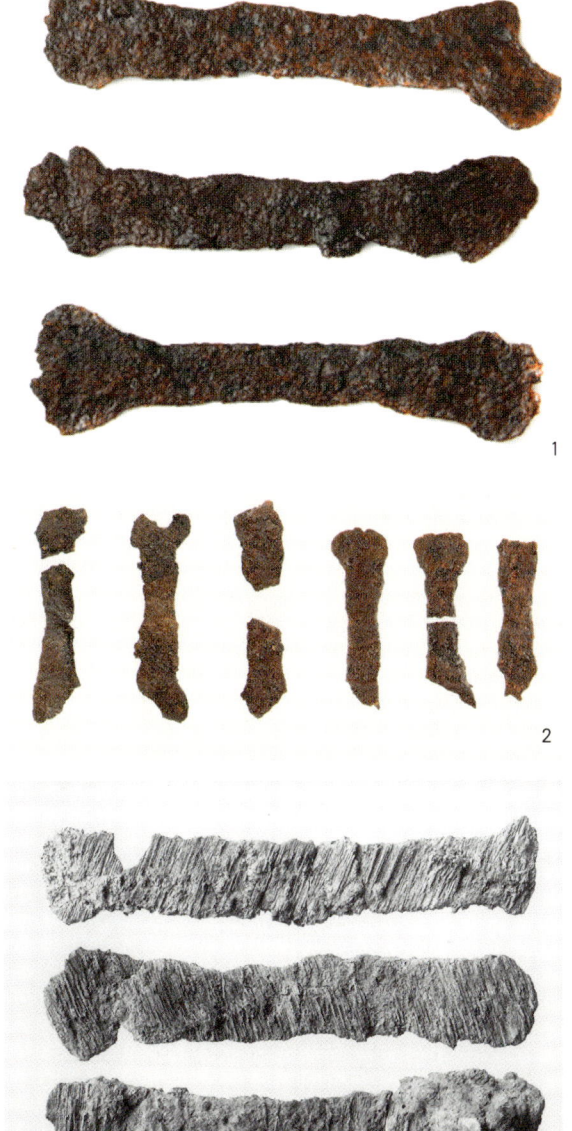

도 Ⅴ-19 창녕지역 출토 철정

1: 계남리1호분 ｜ 2: 계남리3호분 ｜ 3: 교동Ⅱ군14호분

기 소가야권역인 창원 현동고분군에서는 철정의 형태가 시기에 따라 달라지는 점이 주목된다. 4세기 전반과 후반 현동76호묘와 35호묘 출토 철정은 4세기 금관가야의 대성동고분군 출토품과 유사한 좌우 대칭형 철정이다. 5세기 전엽 105호묘, 5세기 중엽 115호묘, 5세기 후엽 6호석곽묘 출토품은 좌우 비대칭형 철정으로 신라형 철정으로 추정된다. 그런데 이와 유사한 형태의 철정이 5세기 전엽과 중엽의 동리5호목곽묘와 계남리1호분에서 보이며, 현동고분군을 비롯하여 마산만에 면한 창원지역에는 다수의 비화가야양식 토기가 이입되고 현지에서 비화가야양식 토기가 모방 제작된다는 것에 주목할 필요가 있다. 이 비화가야양식 토기는 남해안의 고성에 인접한 통영 남평리 고분군에서도 다수 확인된다. 따라서 소가야는 4세기대는 금관가야산 철소재를 수입하였으나, 5세기 이후에는 비화가야를 중계로 신라산 철소재를 수입한 것으로 보인다.

그런데 같은 시기 고령 지산동30호분과 75호분 출토 철정에도 신라적인 요소가 보인다. 즉 연대적으로 가까운 458년 축조된 황남대총남분 소형 철정과 매우 유사하다. 형태가 금관가야와 아라가야 철정과 전혀 다른 비대칭적이며 단부가 둥근 형태가 특징이다. 또한 양자가 모두 23cm 전후로서 규격도 일치한다. 따라서 5세기 전반 대가야의 철기 제작에 신라의 영향이 있었음을 알 수 있으며, 이는 같은 시기 신라마구와 금공품이 대가야에 도입되는 것과 같은 맥락에서 이해된다.

따라서 창녕지역에 신라산 철소재가 반입된다고 해서 그것을 신라가 창녕지역을 복속한 것으로 볼 수 없다.

5세기 중엽 계남리1호분에서는 18점의 신라형 철정이 출토되었다. 같은 시기 계남리2호분에서는 2점, 계남리3호분에서는 8점, 영산1호분에서는 12점이 출토되었다.

6세기 초 교동Ⅱ군14(구31)호분에서는 8점의 신라형 철정이 출토되었다
창녕지역에서는 4세기 말 마한인과 왜인이 거주한 교역취락인 계성리 취락 이래로 6세기 초까지 지속적으로 철정이 고분에 부장되는 점에서 철

소재의 생산과 유통이 비화가야의 주된 생업이었음을 알 수 있다.

8. 농공구農工具(도 V-20)

철제 농구는 철제 농구가 출현한 이래 새로운 기종이 하나씩 등장하여 삼국시대에 이르러서야 기경구(철부鐵斧·쇠삽날·쇠스랑·보습), 마전구(쇠스랑), 관개구(살포), 제초구(철서·호미), 수확구(철겸鐵鎌)와 같은 농구의 기본적인 구성이 완성된다(신동조 2014: 296).

철겸鐵鎌과 철부는 대부분의 고분에서 부장되나, 따비, 쇠삽날, 쇠스랑 등이 부장되는 고분은 그 지역의 중심고분군이다. 고분에서 출토된 철제 농구는 당시 농업 생산력을 추정하거나 소유의 유무를 비교하여 권력이 수장에게 집중된 것으로 보기도 한다. 철제 농구는 이전의 석기나 목기로 제작된 농구보다 견고하고 실용적이어서 생산력 향상에 많은 도움을 주었다. 따라서 철제 농구의 소유는 부를 축적할 수 있는 조건을 갖추는 것이다. 이와 같은 철제 농구의 소유가 제한된 것은 철기 제작과 관련된다. 철기는 전문적인 기술자들만 생산할 수 있어, 이 집단은 일련의 기술적인 조건과 노동력 조직, 생산을 독점하고 교역할 수 있는 정치권력이 있어야만 운영될 수 있다. 대표적인 공구인 단야구는 단조품을 만들기 위한 도구이다. 단조는 철소재를 두드려서 원하는 철기를 만드는 방법이다. 철소재는 판상철부와 철정이 있고 단조 도구로 집게·망치·끌·정·받침모루·숫돌 등이 있다.

삽날鍤刃은 'U'자형으로 나무로 만든 삽의 날 부분에 끼워 사용하는 것이다. 현재에도 삽은 땅을 파는 등 농사에 가장 기본이 되는 도구이다.

쇠스랑鐵杷은 일반적으로 세 개의 발이 하나의 자루에 연결되는 형태로 흙을 부수고 고르는 농기구이다. 처음에는 나무로 만들어 사용하였지만 나중에는 철기로 제작되었다. 'U'자형 삽날과 쇠스랑은 가벼우면서도 강하기 때문에 다용도로 사용될 수 있었으며 농업 생산력도 크게 높일 수 있었다. 교동과 송현동고분군에서 출토된 삽날은 각각 크기가 달라 용도에 따라 다양하게 사용하였을 것이다.

살포鐵鏵는 주로 논의 물꼬를 트거나 막을 때 쓰는 농기구이다. 이외에도 이랑의 잡초를 밀어 없애는 데도 사용하기도 했다. 그리고 논에 나갈 때 지팡이 대신 짚고 다니기도 했다. 영남지역에서는 대나무를 자루로 박아 쓰는 일이 많으며, 날의 형태는 네모난 것부터 깻잎모양 등 매우 다양하다. 살포는 주로 큰 무덤에서 출토되기 때문에 지배자가 농사를 장악하고 통치하는 상징적 의미가 있다. 조선시대에도 살포는 임금이 신하에게 하사하는 것이어서 단순한 농구라기보다는 감독자가 지니는 지팡이-상징물의 역할이 컸던 것으로 생각된다. 계남리1호분 출토 살포는 평면 오각형에 가까운 형태이지만, 교동I군11호분 출토품은 삼각형에 가깝다. 모두 자루를 끼우는 공부를 가진다는 공통점을 가지고 있다. 계남리1호분의 살포는 백제지역 출토품과 유사하여 철모와 함께 이입품일 가능성이 크다.

집게鐵鉗는 철제품을 만드는 과정에서 원재료가 되는 철물을 고정시키거나 뜨겁게 달궈진 도가니와 같은 도구를 잡는데 이용한다. 집게는 교동 Ⅱ군 10호분(구89호분), 교동주차장부지유적, 계성B지구3호분 등에서 출토되었다. 집게는 크기와 집는 부분의 형태가 각각 달라서 용도에 차이가 있을 것으로 보인다.

철부는 쇠로 만든 도끼이다. 제작기법에 따라 거푸집에 쇳물을 부어 만든 주조철부鑄造鐵斧와 철덩어리를 단조하여 만든 단조철부鍛造鐵斧가 있다. 일반적으로는 나무를 베는 것에 사용하지만, 주조철부는 땅을 팔 때 괭이처럼 사용된 것으로 추정된다. 그런데 교동이나 송현동 고분군에서 출토된 주조철부 가운데 사용흔이 관찰되는 것들의 날을 살펴보면, 한쪽으로 일정하게 마모된 것이 아니라 양단의 마모가 심하여 전체적으로 부채꼴을 이루기 때문에 괭이의 용도로 사용되었을 가능성이 있다(국립김해박물관 2014: 110-114). 교동Ⅱ군3호분 출토 철병부수부는 농구라기 보다는 전투용 무기일 가능성이 있다. 교동Ⅱ군10호분 출토 칠초漆鞘 녹각장식부 철검도 농구라기보다는 역시 무기일 가능성이 크다.

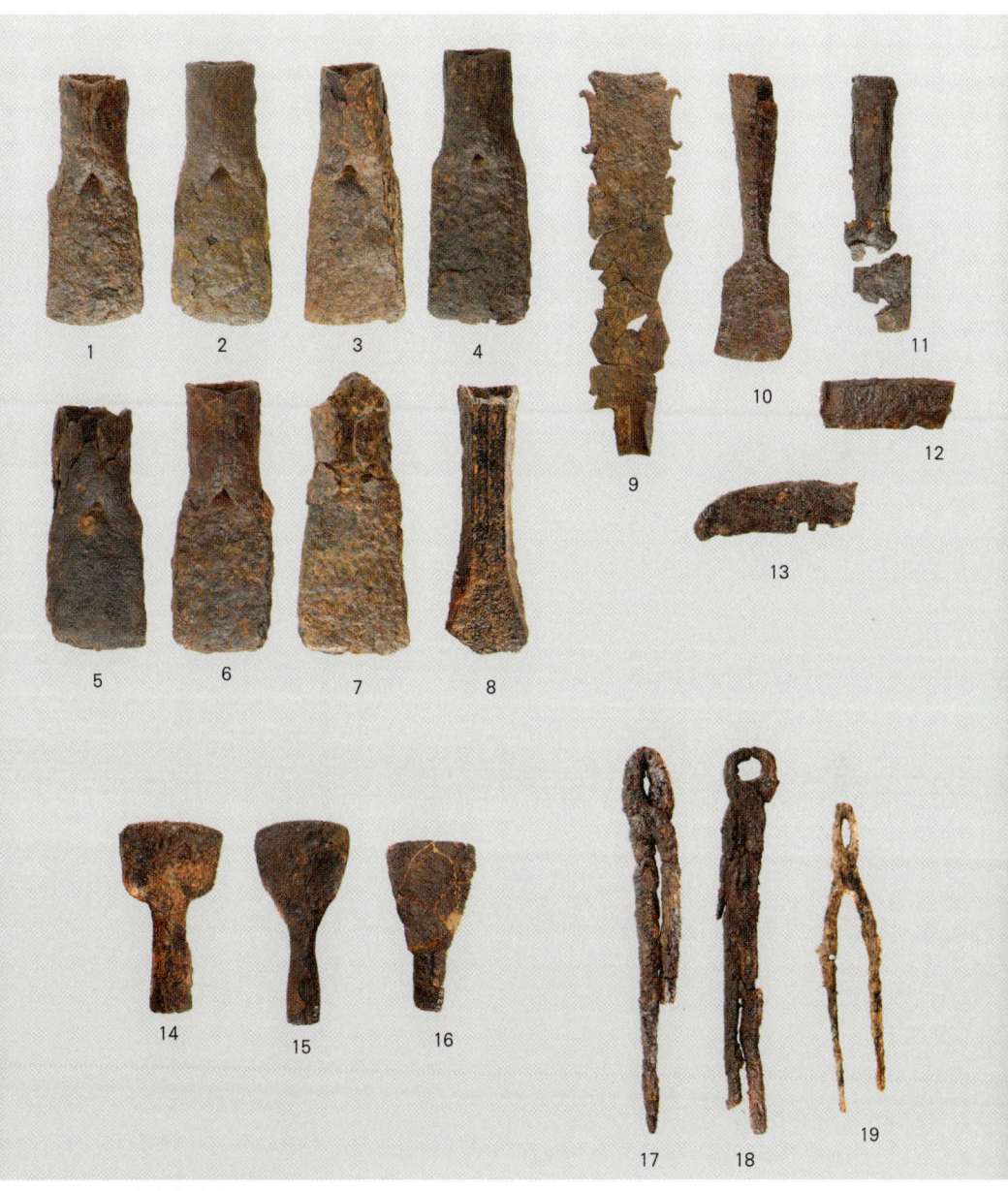

도 V-20 창녕지역 출토 농공구

1~13: 계남리3호분 | 14: 계남리1호분 | 15, 16: 교동Ⅰ군11호분 | 17: 교동Ⅱ군10호분
18: 교동고분군 주차장 조성부지 내 유적 | 19: 계성B지구3호분

非火加耶

Ⅵ. 비화가야사의 전개

1. 비화가야의 대외교류와 발전배경

신라는 4세기 후반 영남지역, 특히 낙동강 이동지역의 소국을 복속시키며 영역을 확대한다. 이 시기 신라의 영향력이 대구, 경산, 울산, 양산, 부산지역에서는 토기양식에서 관찰된다. 그에 반해 창녕지역은 낙동강 이동지역임에도 5세기 전엽 비화가야양식 토기에는 신라토기의 영향이 전혀 보이지 않는다는 점이 주목된다.

게다가 이 시기를 전후하여 비화가야양식 토기가 낙동강 맞은편의 합천 옥전고분군, 의령 유곡리고분군과 김해, 부산, 창원지역 등 낙동강 하류지역에 집중적으로 이입된다.

5세기 초 광개토왕비 비문碑文의 경자년(400년)조에 다음과 같은 기사가 보인다.

> "왕이 보병과 기병 오만을 보내어 신라를 구원하게 하였다. 남거성을 지나 신라성에 이르니 왜가 가득 차 있었다. 고구려군이 이르니 왜적은 물러나고 …결락… 뒤를 쫓아가서 임나가라의 종발성에 이르렀다."

광개토왕비 비문에 보이는 임나가라 종발성은 김해 봉황토성으로 비정되는데, 고구려군이 이 지역을 침공한 후, 금관가야의 왕묘역인 김해 대성동고분군에서는 4세기까지 조영되던 대형 목곽묘가 더 이상 조영되지 않는데, 이는 금관가야의 쇠퇴를 반영하는 현상으로 생각된다. 또한 4세기 영남지방과 호남지방으로 생산 유통되던 아라가야산 토기가 더 이상 유통되지 않는 것은 광개토왕비에 보이는 '안라인수병安羅人守兵'과 관련있는 것으로 보인다. 안라安羅, 즉 아라가야도 이 전쟁으로 타격을 입어 일시적으로 쇠퇴하는 것이다.

한편 고구려와의 전쟁에서 전화를 입지 않은 남해안의 소가야와 내륙의 대가야가 대두한다. 이는 5세기 초 소가야가 아라가야산 토기의 유통망을 대체하듯이 장악하는 점에서 알 수 있다. 이와 함께 이 시기 대가야는 가야지역의 최대 규모인 고령군 지산동고분군이 조영하기 시작한다. 그럼에도 대가야양식 토기가 영남지방에 유통되는 것은 5세기 중엽 이후이다.

그런데 이제까지 주목하지 못한 사실은 5세기 초를 전후하여 비화가야가 두각을 나타낸다는 점이다. 비화가야산 토기가 이 시기 김해 대성동고분군의 금관가야 왕릉, 합천 옥전고분군의 다라국 왕릉, 의령 유곡리고분군 등의 각 지역 수장묘에 출현하기 때문이다. 이는 후기 가야의 중심국인 대가야가 본격적인 활동을 개시하는 5세기 중엽보다 50년 이상 이른 시기이다. 그래서 5세기 전반은 소가야와 비화가야가 주축을 이루는 시기로 보아도 무방할 것이라 생각한다. 나아가 비화가야와 소가야는 가야와 마한 지역 철소재의 생산과 유통에서 상호적인 관계였다. 이에 대해서는 뒤에서 자세히 설명하도록 한다.

즉, 4세기 말부터 김해 금관가야에 비화가야양식 토기가 이입되어 주목된다. 이 시기 대성동93호묘는 부곽이 딸려 있으며 5인이 순장되고 마주, 마갑, 금동제 마령이 부장된 것으로 보아 금관가야의 수장묘임을 알 수 있다. 이 고분에 부장된 즉 유충문이 시문된 개가 공반된 이단일렬투창고배와 일단투창고배, 유충문이 시문된 유대파수부완, 대각부를 포함한 전면에 파상문을 시문하고 삼각형의 투창을 뚫은 발형기대는 전 시기의 대성동1호묘 출토 토기와 계보가 연결되지 않는 것으로 창녕군 동리7호묘 출토 비화가야양식 토기와 같은 계통이다.

그리고 5세기 초의 대성동73호묘는 같은 시기 부산시 복천동고분군의 최고 수장묘인 복천동10호묘 석곽과 크기가 유사하고 갑주, 금제이식, 금동제 화살통 등이 부장되고 순장이 실시된 점에서 수장묘의 요건을 갖추었다고 생각된다. 또, 이 고분에서는 이제까지 인지되지 못했던 금관가야양식 토기가 출현하여 주목된다. 즉, 통형기대는 하부가 장고형인 것이 특징인데 이는 창녕군 계남리1호분 출토품과 같은 기대의 영향으로 본다. 앞에서 언급한 이단교호투창고배, 일단투창고배, 단각고배, 통형기대, 발형기대, 대부장경호, 유대파수부완으로 구성된 금관가야양식이 출현한다. 발형기대는 대각부를 포함한 전면에 파상문을 시문하고 삼각형의 투창을 뚫은 것으로, 창녕양식 토기의 영향에 의해 성립된 것으로 본다.

그리고 이 시기를 전후하여 합천 옥전고분군 즉, 다라국 왕묘에도 비화가야산 토기가 이입되어 주목된다(도 Ⅵ-1).

이제까지 창녕지역과 옥전고분군이 있는 합천 쌍책지역과의 교류시기는 옥전M2호분 단계인 5세기 중엽으로 파악하였다. 그런데 창녕지역과 합천지역의 관계는 늦어도 4세기 후엽까지 소급된다. 왜냐하면 4세기 후엽으로 비정되는 옥전68호묘 출토 상하일렬투창고배가 창녕지역산으로 파악되기 때문이다.

즉 옥전68호묘 출토 고배가 약간 후행하는 시기로 파악되는 옥전47호묘 출토 배신이 얕은 쌍책 재지산 고배와 형태가 다르며, 창녕권역에 속하는 청도군 봉기리고분군 출토품과 유사하다. 그리고 옥전68호묘 출토 발형기대는 발부에 비해 낮고 저경이 짧은 대각이 특징인데 이러한 형태의 기대는 청도군 봉기리3호목곽묘 출토품과 동일한 기형으로 발부에 시문된 점렬문도 동일하다. 또, 이와 흡사한 기대는 대각만이 잔존하나 창녕군 계성리 봉화골7호주거지에서도 확인된다. 봉기리3호목곽묘 출토 유개식 2단 일렬투창고배도 약간의 차이가 보이지만 옥전68호묘 고배와 같은 형식으로 보이며, 이와 유사한 형식의 고배로는 창녕군 퇴촌리 출토품과 청도군 봉기리고분군 출토품이 있다. 따라서 옥전68호묘 출토 토기는 창녕지역산으로 판단된다.

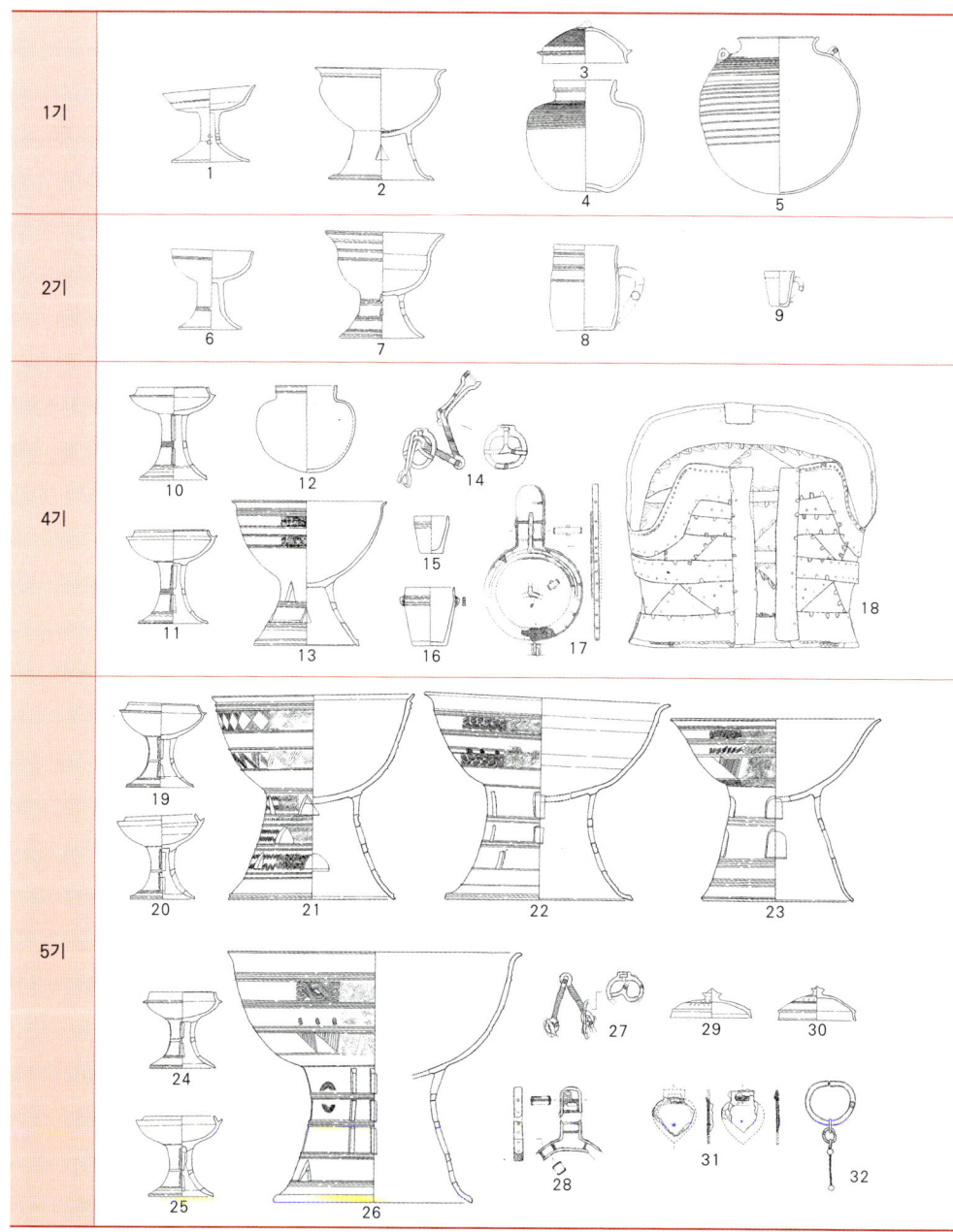

도 Ⅵ-1　다라국 고분편년과 이입 비화가야양식 토기(박천수 2018)

1기(옥전54호목곽묘) ｜ 2기(옥전27호목곽묘) ｜ 4기(옥전68호목곽묘) ｜ 5기(옥전23호분)
6기(옥전35호분) ｜ 7기(옥전M1호분) ｜ 8기(옥전M3호분) ｜ 9기(옥전M4호분)
10기(옥전M6호분)

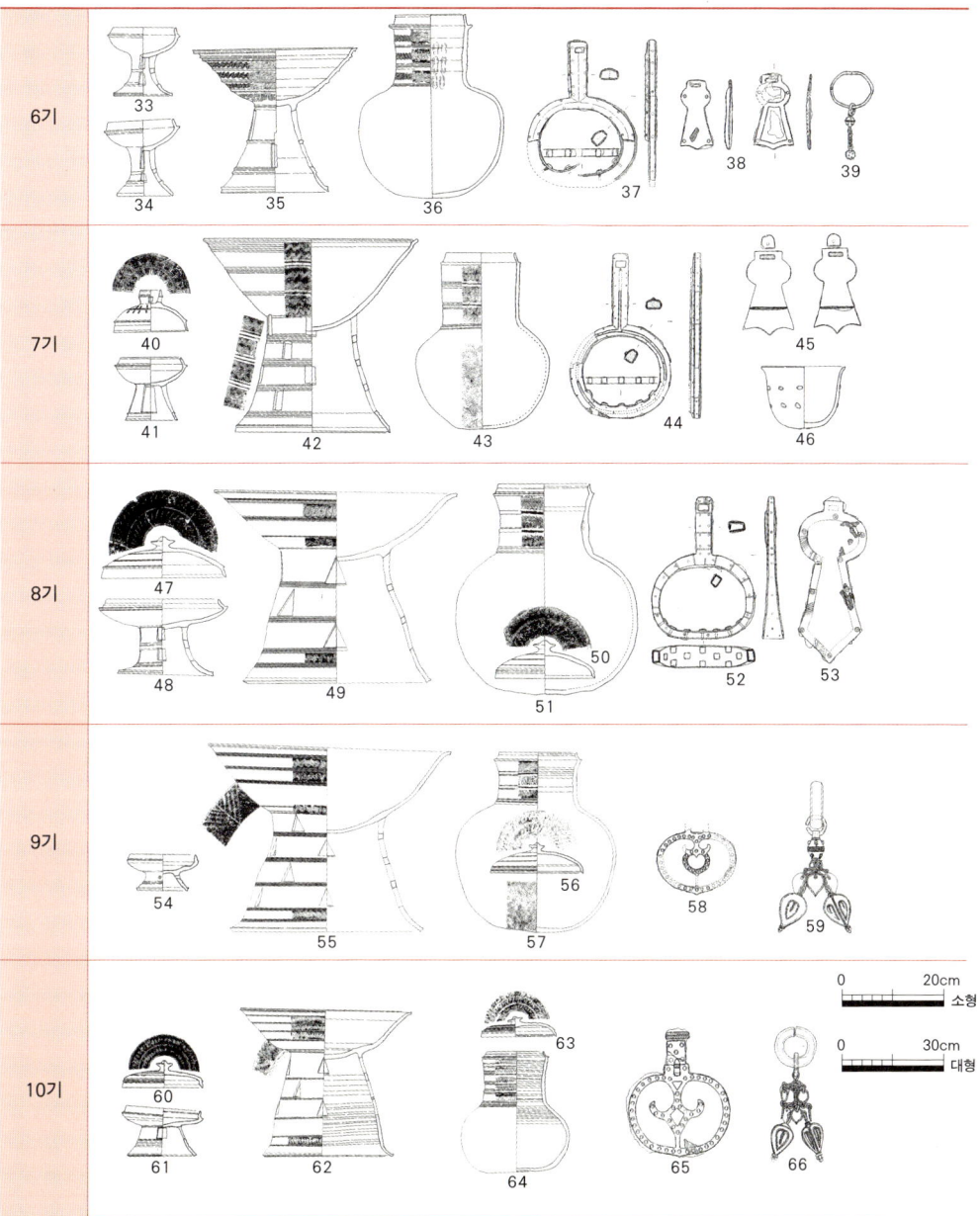

VI | 비화가야의 전개 _ 177

옥전23호묘 출토 상하일렬투창고배의 대다수는 창녕지역산으로 이는 4세기 후엽의 옥전68호묘 출토 고배의 기형을 계승한 것이다. 또한 이 고배는 김해지역의 예안리117호묘 고배와 옥전 재지산 고배에 비해 뚜껑받이 턱이 U자형에 가깝게 깊게 파인 것이 특징이다. 또 옥전23호묘의 창녕산 고배는 김해지역산에 비해 기고에 비해 배신 지름의 비율이 넓은 것도 특징이다. 옥전 재지에서 만들어진 고배는 배신이 얇고 대각이 팔자형이며 각단이 곡선적으로 처리되는 것이 특징인 점에서, 창녕산 고배와는 분명하게 구분된다. 그래서 이희준이 계보가 불확실한 것으로 본 부산시 가달5호분 출토 고배(이희준 2007: 157)와 토기군은 고배를 비롯한 모든 기종이 비화가야양식이다.

그리고 68호묘 출토 철대를 두른 목심철판등자는 그 형식으로 볼 때 경주지역산으로 추정된다. 또 여기에서는 일본열도산으로 추정되는 삼각판혁결판갑三角板革結板甲이 출토되었다. 필자는 일찍이 옥전23호묘의 경주산 문물과 공반된 창녕산 고배는 쌍책집단과 함께 이 지역집단의 역할을 상징하는 것으로 생각하여, 이 지역 세력이 신라와 다라국을 연결하는 중계역할을 수행하고 있었음을 나타내는 것으로 추정한 바 있다(박천수 2001). 그 후 5세기 전엽 창녕 동리고분군의 5호목곽묘에서 경갑, 안장, 환판비, 목심철판등자와 같은 신라산 문물이 출토되어 필자의 추정이 증명되었다.

이 시기 조영된 다라국 왕묘인 옥전23호묘에는 합천 쌍책 재지산 고배와 함께 창녕산 고배, 발형기대가 부장되는 가운데 경주산 고배와 고령산 발형기대도 1점 확인된다. 옥전23호묘 출토 목심철판 등자는 그 형식으로 보아 경주지역산으로 추정된다. 그리고 백제지역산으로 파악되는 금제수식부이식과 함께 관모가 출토되었다. 옥전23호묘의 경주산 문물, 창녕산 토기, 고령산 토기와 함께 백제계 문물은 쌍책의 다라세력이 황강상류를 통해 가야 내륙을 비롯한 낙동강 이서지역과 그 이동지역을 연결하는 중계역할을 수행하였던 것으로 파악된다. 또한 이 시기 쌍책지역의 창녕산 토기와 신라산 문물의 존재는 다라국의 낙동강 이동지역의 교섭 창구가 비화가야인 것과 이 지역 세력이 낙동강 이동지역에서 이서지역을 연결하는 다라국과 같은 중계역할을 담당한 것을 알 수 있게 한다. 계남리1호분의 살포와 철모 가운데 인부의 폭이 넓은 것은 백제지역 출토품과 유사하여 이입품으로 생각되며, 이는 다라국을 통하여 입수하였을 가능성이 크다. 계남리북5호분 출토 타날문단경호에서도 백제토기가 보인다. 앞으로 비화가야지역에서 백제계 문물의 이입 여부가 주목된다.

5세기 초에도 옥전고분군에 부장되는 토기 양식은 여전히 가야양식의 범주에 속하면서 창녕지역의 특징적인 양식이 출현한다. 대표적인 기종은 유충문 개, 유개식 상하일렬투창고배, 무개식 상하일렬투창고배, 직립구연 유개식장경호, 파상문 발형기대 등이다. 창녕 동리7호목곽묘, 청도 성곡리 1호목곽묘·47호묘는 유개식 상하일렬투창고배로 볼 때 이 시기에 해당하는 고분이다(도 Ⅵ-2).

또, 이 시기로 비정되는 옥전35호묘에는 재지산 토기와 함께 수점의 창녕산 고배와 개, 대가야양식의 장경호, 소가야양식의 발형기대가 출토되었다. 이 고분의 창녕산고배는 하단 투창의 길이가 짧고 배신이 깊은 것이다. 그리고 여기에서는 경주산 편원어미형행엽과 장봉철모長鋒鐵鉾, 고령산 금제 수식부이식, 단봉문상감환두대도가 출토되었다. 또 옥전5호묘에서도 창녕산 토기 수점과 대가야양식 기대 1점이 확인되었다. 옥전35호묘의 창녕, 경주산 문물과 대가야, 소가야, 일본열도산 문물이 공반되는 현상은 이 시기 다라국이 황강상류를 통해 가야 내륙을 비롯한 낙동강 이서지역과 신라를 연결하는 중계역할을 담당하고 있었던 사실을 반영하는 것으로 판단된다.

게다가 5세기 전반 비화가야양식 토기가 부산시 복천동고분군, 당감동고분군, 가달고분군, 지사리고분군, 미음동고분군, 김해시 대성동고분군, 칠산동고분군, 윗덕정고분군, 능동고분군, 내덕리고분군, 안영리고분군, 죽곡리고분군, 창원시 도계동고분군, 합성동고분군, 현동고분군, 석동고분군, 함안군 오곡리고분군, 통영시 남평리고분군, 해남군 일평리토성 등에서 출토된다. 특히 백제의 왕도인 풍납토성에서 토기 뚜껑 1점, 몽촌토성

도 Ⅵ-2 청도 봉기리, 성곡리고분군 출토 창녕양식 토기의 편년(박천수 2011)

1, 2: 봉기리4호목곽묘 | 3: 봉기리2호목곽묘 | 4, 5: 성곡리나1호목곽묘 | 6: 성곡리가25묘 | 7~10: 성곡리가47묘
11~14: 성곡리가34묘 | 15~18: 성곡리가21묘 | 19~22: 성곡리가18묘

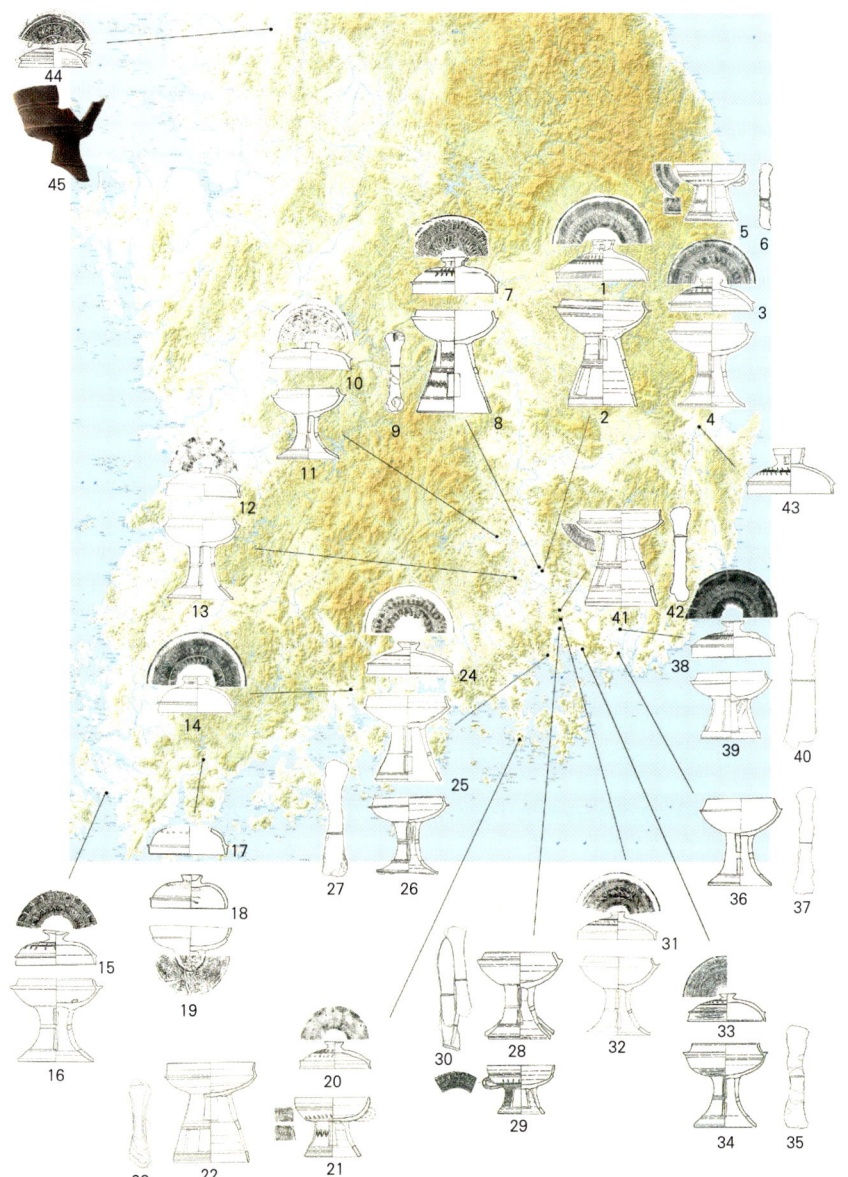

도 Ⅵ-3 **창녕양식 토기와 철정의 분포**(5세기 전반)

1~6: 창녕동리고분군 | 7~9: 창녕계남리1호분 | 10, 11: 합천옥전23호묘 | 12, 13: 의령유곡리고분군
14: 여수화장동주거지 | 15, 16: 해남일평리토성 | 17: 장흥상방촌A3호주구묘
18: 상방촌A나2-3호주거지 | 19: 상방촌B13호주구 | 20~23: 통영남평리10호분
24~27: 마산현동(동)103, (창)64호묘 | 28~30: 마산합성동고분군 | 31, 32: 창원도계동39호목곽묘
33~35: 진해석동 | 36, 37: 부산가달4호묘 | 38~40: 김해대성동73호분 | 41, 42: 창원동전리고분군
43: 경주안계리4호분 | 44: 서울풍납토성경당지구 | 45: 서울몽촌토성북문지

북문지에서 유대파수부완이 출토된 것도 주목된다(도 Ⅵ-3).

앞에서 언급한대로 부산시 가달5호묘에서는 부장토기의 대부분이 비화가야산이며 가달고분군에서는 이후 약 반세기간 지속적으로 비화가야산 토기가 반입된다.

가달고분군에서의 비화가야토기 이입 현상을 이희준은 4세기 후반 경주세력에 의한 신라화 과정에서 창녕지역 집단을 사민徙民한 결과로 설명한다(이희준 1998: 216-225). 그러나 가달고분군을 비롯한 김해시 칠산동고분군, 윗덕정고분군, 능동고분군, 내덕리고분군, 안영리고분군, 지사리고분군, 내촌리고분군 등 고古김해만일대에서 같은 양상으로 창녕양식 토기가 부장된 점에서 이 고분들의 피장자를 신라가 사민한 창녕지역 출신 사람들로 보기 어렵다.

앞에서 지적한 대로 상기 논고에서의 계남리1, 4호분 단계를 이희준은 4세기 4/4분기로 보고 있지만 사실은 본고의 5세기 중엽에 해당하며, 이 시기는 경주양식의 영향력이 나타나기 시작하는 단계이고, 가달5호묘는 토기 조성에서 알 수 있듯이 경주양식의 영향이 미약한 시기로 파악된다. 또한 가달고분군과 예안리고분군 등에서 신라양식과 이와 유사한 토기가 보이지만 이를 신라의 진출로 볼 수 없다. 왜냐하면 가달고분군에 인접한 미음동고분군에서는 4세기 후반부터 금관가야양식을 토기를 부장한 고분군이 조영되며, 5세기 전반 같은 묘역에 비화가야양식 토기가 부장되기 때문이다(도 Ⅵ-4).

이는 고古김해만 일대 전역에 보이는 보편적인 현상이기 때문에 창녕지역 집단이 사민된 것으로 볼 수 없다. 이 토기들은 앞에서 논증한 바와 같이 비화가야양식과 신라양식의 영향을 받아 형성된 금관가야양식 토기이다.

이처럼 5세기 금관가야양식 토기는 비화가야양식의 영향을 받은 이단교호투창고배, 일단투창고배, 단각고배, 통형기대, 발형기대가 보여 주목된다.

이단교호투창고배는 김해 숙곡리46호묘 출토품과 같이 무개식이며

도 Ⅵ-4 부산 미음동고분군 토기의 양식 변화

1, 2: 67호 | 3~6: 57호 | 7, 11: 44호 | 8: 40호 | 9: 33호 | 10: 89호 | 12: 47호 | 13: 41호
14, 15: 51호 | 16: 62호 | 17: 92호 | 18~20: 66호 | 21, 22: 45호 | 23~26: 95호 | 27: 56호
28: 토광6호 | 29: 78호 | 30: 62호 | 31, 32: 81호 | 33: 92호 | 34: 90호 | 35: 27호
36, 37: 17기 | 38~41: 1호

대각하단이 직선적으로 내려오는 것이 특징이다. 전체적인 형태는 비화가야양식의 영향을 받았지만 무개식인 점과 세부 형태에서 차이를 보인다. 일단투창고배는 김해 죽곡리46호묘 출토품과 같이 투창이 넓은 점이 특징이다. 이는 창녕양식의 영향으로 보인다. 단각고배는 예안리39호묘 출토품과 같이 투창이 소형이며 대각이 짧은 점이 특징이다. 이 고분에서 공반된 비화가야양식 토기와 형태가 유사한 점에서 그 영향에 의해 성립된 것으로 본다. 통형기대는 대성동73호묘 출토품과 같이 하부가 장고형인 것이 특징으로, 동일한 형식의 통형기대에 유충문이 시문된 것이 확인되어 창녕양식의 영향에 의한 것으로 본다. 발형기대는 대성동93, 73호묘 출토품과 같이 대각부를 포함한 전면에 파상문을 시문하고 삼각형의 투창을 뚫은 것이 특징이다. 이 고분에서 공반된 비화가야양식 토기와 형태가 유사한 점에서 그 영향에 의해 성립된 것으로 본다. 대부장경호는 김해 예안리36호묘 출토품과 같이 비화가야양식의 영향을 받은 유개식이 있다(도 Ⅵ-5).

　　5세기 중엽 금관가야양식 대부분의 기종이 비화가야양식의 영향을 받은 사실은 매우 중요한 의미를 내포하고 있다. 왜냐하면 이 시기 금관가야는 멸망하지 않았다고 보면서 이에 지대한 영향을 미치고 있는 비화가야가 멸망하여 신라에 복속된 것으로 보는 것은 모순이기 때문이다. 5세기 금관가야양식 토기는 비화가야양식 보다 더 신라양식의 영향이 강하게 보이는 점에서도 더욱 그러하다. 이처럼 5세기 중엽에도 비화가야가 멸망하지 않고 독자적인 활동을 하였음을 웅변하고 있다.

　　그리고, 이 시기 일본열도에서도 비화가야양식 토기가 다수 출토된다. 현해탄에 면한 나가사키현長崎縣 미시마箕島고분군 1호분 출토 배신에 유충문幼蟲文이 시문된 무개식고배, 무문 무개식고배와 31호묘 출토 각부 하단에 돌대가 돌려진 1단투창고배는 그 형태, 문양과 시문위치, 흑색의 색조로 볼 때 창녕지역산으로 판단된다.

　　동해에 면한 돗토리현鳥取縣 나가세타카하마長瀨高浜유적 출토 한반도산 토기 가운데 유충문 개는 기형, 흑색의 색조와 유충문의 형태로 볼 때 5

도 Ⅵ-5 5세기 금관가야양식(김해시 대성동73호묘 출토품)(박천수 2018)

세기 중엽의 창녕지역산으로 파악된다. 시마네현島根縣 미타카타니弥陀ヶ谷유적 출토 대부장경호 또한 각부의 형태로 볼 때 창녕지역산일 가능성이 크다. 시마네현 이주모코쿠후出雲國府유적 출토 고배도 기형과 색조로 볼 때 같은 지역양식으로 본다. 교토부 나구오카키타1호분 출토 발형기대는 부산시 가달5호분 출토 창녕양식 토기와 흡사한 점에서 창녕지역산으로 판단된다. 그 외 상하일렬투창고배와 유충문이 시문된 개도 같은 지역 양식이다. 동해의 동북단에 있는 니가타현 미야노이리宮ノ入유적 출토 상하교호투창고배도 창녕양식이다.

세토나이해에 면한 오카야마현岡山縣 사이토미齋富유적 출토 고배 개는 시문된 유충문과 흑색 색조로 볼 때 5세기 중엽의 창녕지역산이다. 나라현 오미야大宮신사의 제사유적의 개와 장경호도 5세기 중엽의 창녕산 토기이다. 미에현三重縣 다이니치야마大日山1호분 출토 고배는 성주지역산으로 보고(定森秀夫 1993: 19, 白井克也 2000: 103)있으나 기형과 각부의 파상문으로 볼 때 확실한 5세기 후엽의 창녕지역산으로 판단된다. 기후현岐阜縣 히다飛彈지역 출토 1단투창고배도 창녕양식 토기이다(도 Ⅵ-6).

5세기 중엽에 조영된 계남리1호분 출토 경주산 금동제 관과 관식, 은제 과대와 금제 이식은 전형적인 신라의 착장형 위신재이다. 낙동강 이서의 가야지역과 이와 함께 상하교호투창고배와 대각도치형 손잡이의 개가 출현하는 것은 신라양식 토기의 영향으로 본다. 또 이 시기의 합천 옥전 M1, M2호분, 28호묘에는 경주지역에서 이입된 로마유리기, 마구가 반입된다. 옥전 고분군에서의 이러한 현상은 이미 4세기 후엽에 신라의 간접지배하에 들어간 창녕지역 집단을 통해 5세기 중기를 전후하여 옥전의 다라국을 외교적으로 회유한 증거로 파악하는 견해가 있다(이희준 1998: 223).

그러나 다라국에 이 시기 경주계 문물이 이입되는 것은 앞에서 살펴본 바와 같이 일방적이고 갑작스런 경주세력의 압력과 회유의 결과로 볼 수 없으며, 오히려 4세기대 이래 비화가야의 지속적이고 독자적인 활동의 연장선상에서 이해해야 할 것이다. 또 부산, 양산, 경산, 대구지역 더욱이 강

도 Ⅵ-6 일본열도 출토 비화가야양식 토기(박천수 2018)

1: 岐阜縣 飛彈지역 | 2: 新潟縣 宮ノ入유적 | 3, 4: 奈良縣 大宮신사 | 5~7: 京都府 奈具岡北1호분

도 Ⅵ-7 창원 현동고분군 토기의 양식 변화(동서문물연구원 발굴구간)

1·2·4: 131호 목곽(동서) | 3·5: 82호 목곽 | 6·7·10: 35호 목곽 | 8: 15호 목곽 | 9: 20호 목곽
11: 6호 목곽 | 12: 100호 목곽 | 13: 17호 목곽 | 14·15: 89호 목곽 | 16: 103호 목곽
17·21: 1호 석곽 | 18: 4호 석곽 | 19·20: 5호 석곽 | 22·23: 6호 석곽 | 24: 12호 목곽
25~28: 125호 목곽 | 29: 127호 목곽 | 30~32: 7호 석실

릉, 상주, 안동지역과 같이 상대적으로 창녕지역보다 먼 지역에서도 경주양식 성립 직후부터 동일한 토기가 제작되고 있음에도 불구하고 경주양식화되지 않은 토기양식이 존재하는 점에 대해서도 설명이 필요할 것이다.

전술한대로 532년에서야 신라에 복속된 것이 분명한 금관가야의 토기양식은 일견 신라양식처럼 보이지만, 사실은 비화가야양식과 신라양식을 융합한 독자적인 양식이다. 그런데 창녕양식 토기는 금관가야양식 보다 더욱 독자적인 양상을 보이며 가야지역으로 활발하게 이입된다. 특히 낙동강하류역과 남해안의 금관가야, 소가야권역에 집중적으로 이입되며 토기양식에도 영향을 미친다. 따라서 금관가야의 토기양식과 신라에 복속된 경산, 대구, 부산지역의 토기양상을 비교해서 고려하면 5세기 전반에 비화가야가 신라에 복속된 것으로 볼 수 없다.

또, 5세기 전반 고령지역의 지산동73호분과 합천지역의 옥전M1, M2호분에서 신라의 착장형 위신재와 금공품이 이입된 사실로 볼 때, 신라의 착장형 위신재와 금공품이 창녕지역에서 출토된 것을 근거로, 창녕지역이 신라화되었다고 쉽게 단정할 수 없다. 물론 고령과 합천 지역에 비해 창녕지역에 신라의 영향력이 비교적 강하게 미쳤다는 점은 인정된다.

더욱이 낙동강의 대안에 위치한 의령군 유곡리고분군에서도 비화가야양식 토기가 다수 이입되는 현상도 주목된다. 유곡리2호분에서는 비화가야양식의 이단일렬투창고배, 단추형손잡이 개蓋, 발형기대, 통형기대 등이 출토되었으며 5세기 전엽으로 편년된다. 같은 시기인 3호분과 4호분에서도 다수의 비화가야양식 토기가 확인된다. 또한 채집품 중에서는 5세기 후반의 비화가야양식 토기가 보이는 점에서 지속적으로 이입된 것을 알 수 있다. 이는 합천 옥전고분군에서 보이는 양상과 동일하다. 유곡리고분군은 30기 전후의 봉토분으로 구성된 국명을 알 수 없는 가야 소국의 고분군으로 낙동강 맞은편의 창녕지역과 밀접한 관계에 있었던 소국의 존재를 유추하게 한다.

이처럼 창녕지역은 지정학적 입지를 활용하여 일정 기간 신라와 가야

도 Ⅵ-8　창원 현동(동)103호목곽묘 출토 철정, 철기와 창녕양식 토기(박천수 2018)

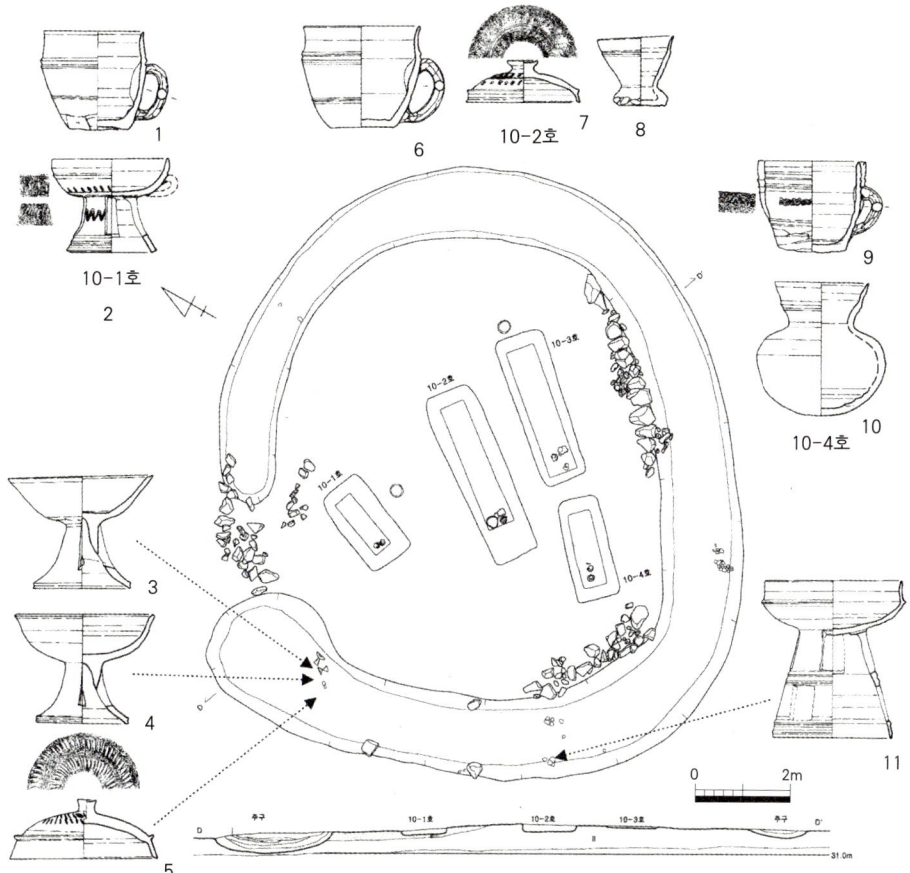

도 Ⅵ-9 5세기 전엽 소가야의 창녕양식 토기(2, 7, 9, 11:통영 남평리10호분)

간의 양면적인 관계를 유지한 것으로 생각된다. 창녕지역에 독자적인 토기양식이 유지되면서도 가야지역으로부터 문물이 계속하여 반입되고 있는 점도 주목된다.

    이 시기 창원 덕동만에 면한 현동고분군에서는 지속적으로 비화가야 양식 토기가 이입되며 5세기 전엽 105호묘, 5세기 중엽 115호묘, 5세기 후엽 6묘에서 좌우 비대칭형인 경주형 철정이 이입된다(도 Ⅵ-7, 8). 이와 유사한 형태의 철정이 5세기 중엽 창녕 계남리1, 2, 3호분에 보이고 있으며, 이 고분군을 비롯하여 마산만에 면한 창원지역에는 다수의 비화가야양식

도 Ⅵ-10 창원시 동전동고분군과 출토유물
1: 고분군 전경 | 2~4: 3호석곽묘 | 5~12: 6호석곽묘

토기가 이입되고 현지에서 모방 제작된다. 이러한 점에서 비화가야는 신라의 철소재를 수입하여 소가야와 교역한 것을 알 수 있다.

5세기 전엽 통영 남평리고분군에서는 소가야식 다곽분이 축조된다. 10호분은 원형의 주구내에 4기의 목곽이 조영되었으며 소가야양식 토기와 함께 비화가야양식 토기가 출토되었다(도 Ⅵ-9). 또한 비화가야양식 토기가 소가야양식 토기와 같이 해남지역에 걸친 남해안 일대 전역에 출토되는 것이 주목된다. 즉 비화가야양식 토기가 창원 현동64호묘, 합성동77호묘, 함안 오곡리(경)11호묘, 창원 석동고분군, 통영 남평리고분군 등에서 소가야양식 토기와 공반된다. 이는 비화가야가 낙동강중하류역을 중심으로 활동하고 동시에 소가야가 남해안을 중심으로 활동하는 것에서 양자는 상호 보완적인 관계로 본다.

필자는 비화가야의 권역과 소가야의 권역이 창원 북면 일대에서 아라가야권과 금관가야권 사이가 마치 회랑처럼 연결된 것에 특히 주목하고자 한다. 즉 아라가야에 속하는 칠원지역의 오곡리고분군과 금관가야에 속하는 다호리고분군의 중간에 위치하는 창원시 북면의 동전동고분군에서는 다수의 비화가야양식 토기와 철정을 포함한 철제품이 출토되었으며, 주변의 외감리고분군 등에서도 비화가야양식 토기가 채집되고 있다(도 Ⅵ-10).

창원시 북면은 그 중심을 관류하는 신천천이 북류하여 낙동강에 하구를 형성하며 맞은편에는 창녕군 부곡면을 마주보고 있다. 이곳에서 남으로 내려가면 창원분지를 거쳐 마산만에 도달하는 것에서, 이 지역이 지리적으로 낙동강과 마산만을 연결하는 회랑과 같은 지역임을 알 수 있다. 소가야에 이입되어 남해안 일대에 유통된 철정을 비롯한 철제품은 이 회랑지대를 경유하여 들어온 것으로 본다.

창녕산토기가 다수 이입된 부산 가달고분군에도 좌우 비대칭형 철정이 확인되는 점에서 금관가야에도 창녕세력이 신라산 철소재를 수입하여 공급하였을 가능성이 있다. 또 하나 흥미로운 것은 금관가야의 제철유적인 김해 여래리유적에서 창녕산토기가 다수 출토된다는 것이다. 이런 점을 종

도 Ⅵ-11 창녕 송현동7호분 녹나무제 주형 목관(가야문화재연구소)

합할 때 비화가야는 제철 및 철소재의 유통과 관련된 활동을 전개하였음을 짐작할 수 있다.

5세기 후반에는 창녕지역 남부의 계성고분군에 조영되던 대형분이 북부의 교동고분군에서 조영되는데, 이는 5세기 전반까지 그 중심지가 남부였으나 이후에는 북부의 교동·송현동 고분군 축조집단이 중심지로 부상하는 것을 보여준다. 교동고분군 가운데 가장 이른 시기에 조영된 교동Ⅱ군3호분에서는 횡구식석실묘가 묘제로 채용되고, 이어서 Ⅲ군에서는 6, 7호분과 15, 16호분과 같은 신라식 묘제인 표형분이 출현한다. 이는 종래 중심지였던 계성지역이 쇠퇴하고 새롭게 교동지역 세력이 흥기하는 것으로 파악된다.

5세기 후엽에는 송현동7호분에는 녹나무제 주형舟形 목관이 이입된다. 이는 일본열도산 녹나무제 선재船材를 목관으로 사용한 것으로 낙동강을 이용한 비화가야의 교역활동을 상징하는 것이다. 이 목관은 선재를 목관으로 전용한 점에서 낙동강을 통하여 일본열도로부터 직접 이입되었을 가능성이 크다(도 Ⅵ-11).

교동Ⅱ군3호분 출토 삼각판횡장판병용정결판갑은 교토부 우지후타코야마고분 출토품의 사례가 확인되며, 한반도내에서는 함양군 상백리 출토품과 유사성이 지적되었다(高久健二 1992: 259-260). 이 판갑은 일본열도산으로 파악되며, 교동3호분 출토 관모형 투구冑는 전 창녕 출토 관모형 투구와 합천군 반계제고분군의 출토 사례로 볼 때 대가야에서 이입된 것으로 생각된다. 왜냐하면 이 시기 대외교역對倭交易의 중심지가 고령지역이고 지산동고분군과 그 세력권내의 함양지역에서 동일한 형식의 출토예가 확인되기 때문이다. 창녕지역으로의 이입은 이 지역과 일상적인 교류관계에 있었고, 같은 시기 옥전28호묘에 삼각판정결판갑이 부장되고 있는 합천 쌍책지역 집단과 관련 있는 것으로 파악된다. 교동Ⅱ군10호분의 직호문녹각장검直弧文鹿角裝劍도 일본열도산이다.

그런데 이 시기 비화가야에는 신라산 금동제 관식, 식리, 은제 과대,

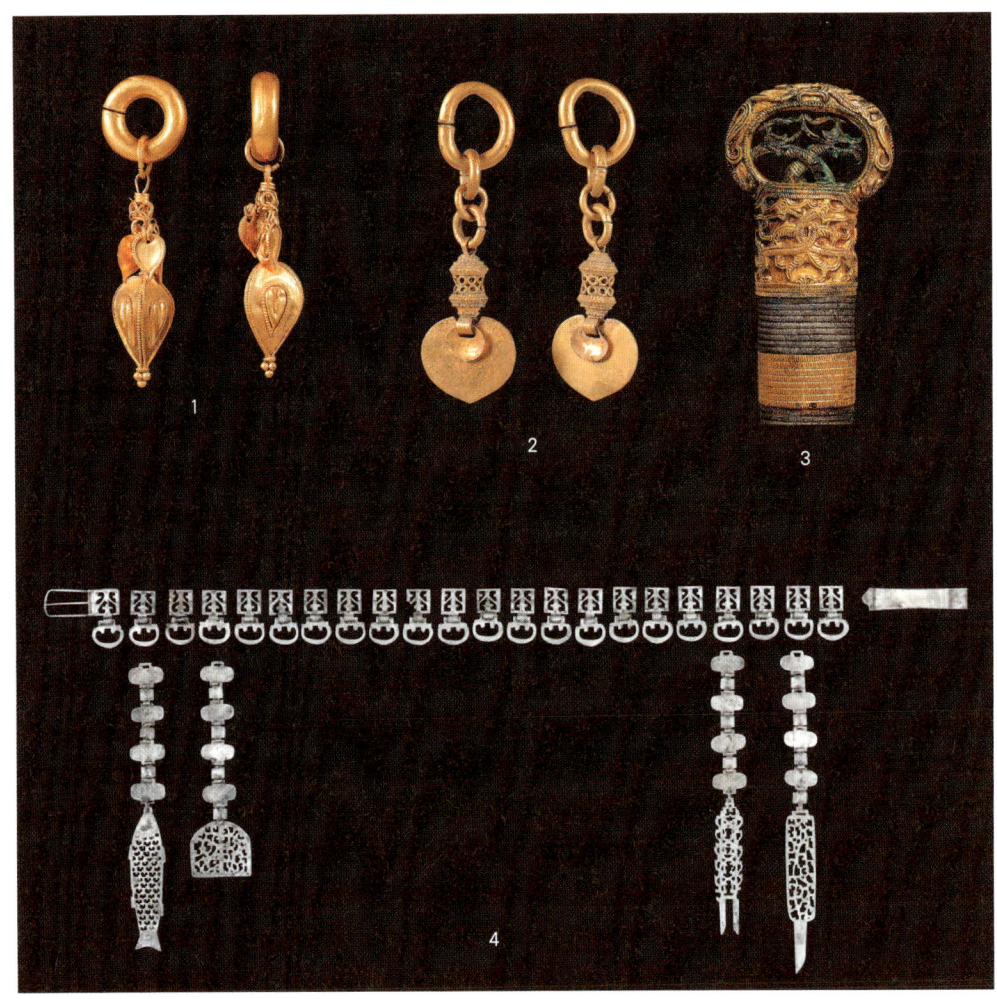

도 Ⅵ-12 창녕 교동, 송현동고분군 출토 신라 가야문물(박천수 2018)
1: 계성A지구1호분 ｜ 2: 송현동7호분 ｜ 3: 교동Ⅰ군10호분 ｜ 4: 교동Ⅰ군7호분

　　금제 수식부이식 등의 금공품이 이입되는 가운데, 대가야산 금동제 용봉문 환두대도, 금제 수식부이식 등이 이입되는 점도 주목된다(도 Ⅵ-12).

　　창녕지역에서 확인된 신라의 착장형 위신재에서는 경산지역과는 달리 누세대적으로 이어지는 복식체계의 정착과 이를 통한 신분체계의 확립을 보기 어렵다는 점이 중요하다(김두철 2011).

　　그런데 앞에서 살펴본 바와 같이 교동Ⅰ군10호분과 Ⅰ군11호분 출토 금동제 용봉문환두대도와 금상감원두대도, 도쿄국립박물관 소장 은상감용봉문환두대도는 대가야산이다. 특히 용봉문환두대도는 옥전고분군에서 다수 부장된 점에서 대가야에서 제작되어 다라국에 이입되어 이를 경유하여 비화가야에 이입된 것을 알 수 있다. 옥전M1호분에는 신라에서 이입된 로마유리기가 부장되었으며 이는 창녕양식토기가 공반된 것에서 비화가야를 경유하여 이입된 것이 분명하다.

그리고 옥전M4호분, M6호분 출토품에서 유례가 보이는 계성A지구1호분1관과 교동Ⅱ군14호분, 전 교동 출토 산치자형수하식을 가진 금제 수식부이식은 주환이 굵고 중간식에 신라적인 요소가 보이지만, 수하식의 형태와 전체적인 의장이 대가야양식이며 같은 시기 대가야 마구의 의장에 신라의 영향이 보이는 점에서 대가야에서 제작되어 창녕지역으로 이입된 것으로 파악된다. 교동Ⅰ군12호분 출토 수식부이식도 중간식이 옥전M6호분 출토품과 유사한 원통형금구를 가진 점에서 신라이식으로 보기 어렵다. 비화가야에 이입된 대가야산 금제 수식부이식은 대가야에서 직접 이입되었거나 또는 옥전M4호분, M6호분에서 보이는 것에서 다라국을 경유하였던 것으로 생각된다.

그래서 창녕지역 고분 부장품에서는 이제까지 신라산 금공품만을 주목하여 그 정치적 성격을 논하였으나, 대가야산 위신재가 존재하며 대가야산 금제 수식부이식과 용봉문환두대도로 볼 때 대가야-다라국-비화가야를 연결하는 수장간의 정치적인 관계망이 형성되었음을 알 수 있다.

계성A지구1호분1관에서는 신라양식과 대가야양식의 금제 수식부이식이 함께 출토되어 이 시기까지도 비화가야의 정치적 입장을 반영하는 것 같아 흥미롭다. 이는 6세기 초까지 신라의 창녕지역 통제가 완전히 관철되지 못했음을 반영하는 것으로 본다.

이러한 현상은 묘제에서도 잘 관찰된다. 즉, 홍보식이 지적한 바와 같이 교동, 송현동고분군의 묘형이 세장방형이나, 낙동강 이동지역의 대구, 성주지역의 장방형과 다르고, 더욱이 피장자 두향과 주 부장 유물군의 배치가 낙동강 이서지역의 가야 수혈식석곽과 유사하고 특히 함안 말이산고분군과는 이외 순장자의 배치 형태까지도 유사한 점은 중요하다(홍보식 2011).

2. 비화가야의 구조와 변천

창녕지역의 중심지는 고분군의 축조 양상으로 볼 때 다음과 같이 시기에 따라 이동한 것으로 생각된다.

4~5세기 전반의 중심지는 창녕 남부의 계성천 일대이다. 이 지구의 중심인 계남리고분군은 봉토 직경 20m 이상 되는 대형분 10여 기를 중심으로 조영되었다. 크게 남북으로 형성된 3곳의 구릉 위에 분포하고 있다. 여기에서는 중심고분군인 Ⅰ, Ⅱ군을 중심으로 살펴보고자 한다.

Ⅰ군에서는 11기 가운데 1~4호분이 조사되었으며, 4기는 모두 본서의 8기인 5세기 중엽에 축조된 것으로 본다. 2호분은 직경 36.4m, 높이 7.5m, 2호분과 11호분이 규모와 입지에서 탁월하다. 구조는 모두 동혈주부곽의 日자형 위석목곽묘이다.

Ⅱ군에서는 6기 가운데 북5호분이 조사되었으며 시기는 본고의 9기인 5세기 후엽으로 구조는 모두 동혈주부곽의 明자형 위석목곽묘이다.

계남리고분군의 전성기는 가장 많은 수의 고분이 축조된 Ⅰ군의 시기인 5세기 전반이다. 5세기 후반의 Ⅱ군은 6기로 축소되는 점에서 계남리고분군 축조세력이 쇠퇴한 것을 알 수 있다.

그런데 5세기 중엽부터 남부의 계남리고분군에 조영되던 대형분이 북부의 토평천 일대의 교동고분군에서도 조영되기 시작한다. 송현동고분군도 연결되는 같은 고분군으로 본다.

이는 5세기 전반까지 그 중심지가 창녕 남부였으나 새롭게 북부가 중심지로 대두하는 과정을 잘 보여준다. 5세기 중엽의 계남리1~4호분과 교동Ⅱ군3호분은 전자가 동혈주부곽식의 위석목곽묘이고 후자는 횡구식석실묘인 점에서 차이를 보이며 이러한 묘제의 차이가 5세기 후엽의 계남북5호분과 Ⅰ군7호분에서도 지속된다. 더욱이 전자는 계성천, 후자는 토평천을 수로로 사용하였다. 따라서 두 집단은 동일 집단으로 볼 수 없으며, 비화가야를 구성하는 남북 각 지구의 대표세력으로 생각된다.

계남리고분군은 5세기 전반 남쪽 구릉에 1~4호분이 축조되다가, 5세기 후반 북쪽 구릉으로 묘역이 이동되어 축조된다. 이러한 양태로 볼 때, 계남리고분군은 한 집단에 의해 누세대로 축조된 것으로 판단된다.

그런데 교동고분군은 이와 다른 양상을 보이고 있다. 이 고분군은 현재 4개의 군집으로 보고 있으나 본서에서는 송현동 3, 4군을 하나로 보아 크게 3개 군으로 구분한다. 북쪽에서 남쪽으로 가면서 교동7호분이 중심을 이루는 봉토분 22기로 구성된 Ⅰ군, 교동10(구89)호분이 중심을 이루는 봉토분 59기로 구성된 Ⅱ군, 송현동14, 15호분이 중심을 이루는 봉토분 26기로 구성된 Ⅲ군으로 구분된다. 각 군의 주분 출토 토기는 유충문이 유존하는 가운데 집선문이 출현하는 본서 9기에 해당하며, 그 축조시기는 5세기 후엽에 해당한다.

Ⅰ군의 주분으로 가장 입지가 탁월한 제1등급의 7호분은 봉토의 직경 32m에 달하며 높이 9.6m 매장주체부인 횡구식석실은 길이 9m, 높이 1.8m이다. 부장품은 금동제 출자형관, 금동제 식리, 금동제 흉식, 은제 과대, 금동제 투조안교, 금제 수식부이식, 청동제의 초두, 각배형용기, 합 등이 출토되었다.

7호분의 주변에는 제2등급의 11호분, 제3등급인 10호분 등의 배총들이 방사상으로 배치되어 있다.

11호분은 직경 28m전후, 높이 10m전후이다. 부장품은 금·은제 관식, 은제 과대, 금동제 명문원두대도 등이 출토되었다.

10호분은 직경 8m전후이다. 부장품은 금동제 출자형관, 은제 과대, 용봉문환두대도, 청동제 용기 등이 출토되었다.

Ⅱ군의 주분인 10(구89)호분은 직경 42m 높이 10m이다. 부장품은 금동제 출자형관, 은제 관식, 은제 과대, 은제 천, 금동제 식리, 금제 수식부이식, 금동제 투조안교, 철제 갑주 등이 출토되었다. 10호분의 주변에는 1군 7호분과 같이 9호분 등의 제2, 3등급 배총이 방사상으로 배치되어 있다.

Ⅲ군의 주분으로 가장 입지가 탁월한 15, 16호분은 연접분으로 15호분의 직경은 22m이며 잔존높이 4.3m, 전체길이 33.7m이다. 부장품은 도굴의 피해를 받았지만 금동제 출자형관, 은제 과대, 금제 수식부이식, 금동제 투조안교가 남아있었다. 매장주체부인 횡구식석실은 길이 8.5m, 높이 2.2m이다.

15, 16호분의 남쪽에 입지하는 6, 7호분은 연접분으로 6호분의 직경은 21m이며 전체길이 39m이다. 부장품은 도굴로 인하여 은제 과대, 금제 수식부이식, 금동제 투조안교가 남아있는 정도였다. 횡구식석실은 6호분이 길이 8.5m, 높이 2.6m, 7호분이 길이 8.4m, 높이 2.6m이다.

8호분은 6, 7호분의 서쪽 구릉에 위치하며 직경 11m, 잔존높이 2.9m, 횡구식석실은 길이 5.6m, 높이 1.8m이다. 부장품은 금동제 출자형관, 금동제 삼엽문환두대도 등이 출토되었다.

Ⅱ군3호분은 현재까지 조사된 교동·송현동고분군의 수장묘 가운데 가장 이른 시기인 5세기 중엽에 축조된 최고 수장묘이다. 그런데 이 고분은 같은 시기인 최고 수장묘인 계남리1, 2호분보다 규모와 부장품의 격이 떨어지는 점에서 아직까지 남부지역이 중심지이었음을 알 수 있다.

그런데 5세기 후엽 Ⅱ군10(구89)호분이 축조된다. 10호분은 규모와 부장품에서 이 시기 최고 위계의 고분이다. 이와 같이 Ⅱ군은 교동고분군에서 최초로 고총이 조영되고 고분 수가 59기에 달한다는 점에서 그 축조세력은 새롭게 대두한 창녕 북부의 거점집단으로 볼 수 있다. 그래서 Ⅱ군10호분의 출현을 북부지역이 새로운 중심지로 대두한 것으로 본다.

그런데 비화가야의 중심지가 남부에서 북부로 옮겨지는 요인은 무엇일까. 이에 대해서는 대부분 신라가 후자를 지원하는 것에 있다고 보고 있다. 필자도 그러한 생각을 가지고 있다. 그런데 왜 후자가 중시된 것인가에 대한 논의는 이루어지지 않았다.

앞에서 살펴본 바와 같이 남부의 계성고분군 축조세력과 주로 교섭한 집단은 소가야와 다라국이었다. 그런데 5세기 후엽이 되면 소가야가 쇠퇴하고 다라국도 대가야권역에 속하게 되며, 한편 대가야가 흥기한다. 대가야와 비화가야의 관계가 중시된 것은 Ⅰ군의 주분인 7호분의 배총인 10호분과 11호분에 대가야산 용봉문환두대도와 상감명문대도가 부장된 것에서도 알 수 있다.

필자는 북부의 교동고분군 축조세력이 흥기한 것은 소가야, 다라국의 약화와 대가야의 흥기가 그 배경에 있다고 본다. 물론 그 배후에는 신라의 영향력이 있었을 것이다.

이와 관련하여 북부의 주축세력의 고분군인 Ⅱ군을 중앙에 두고 남북으로 5세기 후엽부터 Ⅰ군과 Ⅲ군이 조영되는 점이 주목된다.

Ⅰ군에서는 적석목곽분인 12호분, Ⅲ군에서는 표형분인 6, 7호분, 14, 15호분이 보인다. 양자는 신라와 관련된 묘제이면서 같은 시기에 3기의 최고 수장묘가 나란히 존재하는 점이 특기된다. 무엇보다 각 군의 최고 수장묘뿐만 아니라 하위 수장묘인 Ⅰ군10호분, Ⅲ군8호분에서는 금동제 출자형 관이 사여된 점에서 신라가 창녕지역의 최고 수장뿐만 아니라 하위 수장과도 직접적인 관계를 형성한 것을 추정케 한다.

즉, 고분군의 군구조로 볼 때 5세기 전반 계남리고분군이 조영되는 남쪽이 중심지인 시기에는 계남리1, 2호분과 같은 유력 수장묘가 Ⅰ군의 단독 가계에서 출현하였으나, 5세기 후반 교동고분군이 조영되는 북쪽이 중심지인 시기에는 유력 수장묘가 복수의 가계에서 출현한다. 그래서 5세기 후엽 비화가야에 신라의 영향력이 직접 미치기 시작한 것을 알 수 있다. 이는 백제의 영향력이 미치기 시작하는 나주시 반남·다시지역과 매우 유사한데, 5세기 후엽 백제의 위신재를 보유한 신촌리고분군, 복암리고분군, 정촌고분이 병립한다. 이는 백제가 이 지역의 수장세력을 상호 견제하며 영향력을 행사하기 위해 복수의 수장을 지원 옹립한 것으로 파악된다.

이처럼 5세기 후엽 신라는 비화가야 여러 최고 수장층을 지원하며 횡적으로는 서로 견제하게 하며, 개별적으로 영향력을 행사한 것으로 추정된다.

이 시기에는 비화가야양식토기 각 기종에 신라양식화가 진행되고 경주산 위신재의 사여가 본격화되면서 신라의 영향력이 극대화되는 전환기로 파악된다. 그런데 같은 시기의 합천 옥전M3호분에는 그간 이 지역 고분에 주로 이입되던 비화가야산 토기가 전혀 부장되지 않고, 부장토기의 대부분이 대가야양식의 토기로 교체된다.

두 지역에 동시에 나타나는 변화, 즉 비화가야에 대한 신라의 견제와 다라국에 대한 대가야의 견제는 연동된 현상일 가능성이 크다.

5세기 후엽 대가야는 황강 중류역에 진출하여 지금까지 그 하류역에 위치하면서 그 수계를 통해서 내륙과 교역활동을 해 왔던 옥전세력, 즉 다라국에 압박을 가하여 그 지역을 권역 안에 넣게 된다. 이와 같은 낙동강 이서지역의 변화는 그간 다라국과의 교섭창구 역할을 해왔던 비화가야에도 영향을 미친 것으로 보인다.

필자는 바로 이 시기가 낙동강을 경계로 신라와 대가야의 국경선이 형성되어 본격적으로 대치하는 단계로 판단한다. 이는 5세기 말을 전후하여 낙동강 양안에 산성 축조가 본격화되는 점에서 방증된다(조효식 2009). 즉 낙동강 동안에 위치하는 창녕지역의 동북쪽 산성인 위천리 보루와 석문성에서 5세기 후엽 이후에 주로 조영되는 원형의 적석망루가 확인되고, 맞은편의 대가야 봉화산보루와 도진리산성·고분군이 5세기 말 이후에 축조된 것으로 파악되기 때문이다. 또 적포리산성의 대안에 위치하고 석문성에서 확인된 바 있는 적석망루가 있는 등림리 산성, 신반천 하구를 방어하는 성전성, 낙동강에서 창녕지역으로 들어가는 교통로를 방어하는 선소리 산성의 축조시기도 출토 유물과 축조 기법으로 볼 때 5세기 말 이후로 추정된다.

문헌사료로는 비화가야가 언제 신라에 복속되었는지 알 수 없다. 앞에서 말한 바와 같이 고고자료와 유리된 문헌사학에서의 논의는 자의적인 해석에 불과하다. 따라서 고고자료의 분석을 통해 추론하는 것이 가장 설득력이 있다고 생각한다.

　그렇다면 언제 비화가야가 신라에 복속되었을까? 필자는 창녕세력의 독자적인 교역과 교섭 활동이 중지되고, 이것이 낙동강을 마주한 합천 다라국의 옥전고분군에서의 변화와 연동되며, 낙동강 양안에 산성이 축조되는 시기가 5세기 말인 점에서, 비화가야에 신라의 직접적인 영향력을 미치는 시기를 그 전후한 시점으로 판단한다.

Ⅶ. 맺음말

그간 창녕지역에 대한 연구는 가야에 속하는지 신라에 복속하였는지, 신라에 복속하였다면 그 시기는 언제인지가 주요 쟁점이었다. 이제까지 주로 신라사의 입장에서 4세기 말에 비화가야가 신라에 복속된 것으로 파악하였다. 그러나 필자가 제기한 바와 같이 먼저 그러한 주장의 주된 근거인 창녕 계남리1호분의 연대는 4세기 후엽이 아니라 5세기 중엽이다. 즉, 4세기 말에 비화가야가 신라가 복속되었다는 주장은 그 전제부터 잘못된 것이다.

이 시기 대구, 경산, 울산, 양산, 부산지역에서는 토기양식에서 신라의 영향력이 관찰되지만, 5세기 전엽 비화가야양식 토기에서는 신라토기의 영향이 전혀 보이지 않는다. 즉 비화가야양식 토기는 5세기 전엽까지는 신라양식 토기와 전혀 다른 토기양식이며 신라의 영향력이 미치기 시작하는 5세기 중엽에도 독자적인 양식을 강하게 유지하고 있다.

그래서 신라계 위신재가 출토된 계남리1, 4호분을 4세기 제4/4분기로 편년하며 이 지역이 4세기 후엽에 신라의 간접 지배하였다는 주장은 타당하지 않다.

더욱이 369년까지 비자발로서 가야였다가 4세기 말에 신라에 복속된 것으로 보았으나 4세기 후반 창녕지역 고고자료에 경산, 대구, 부산지역의 신라화에 준하는 급격한 변화가 전혀 보이지 않는 점에서도 그러하다.

이는 창녕지역의 지형이 신라와는 높고 험준한 산지를 경계로 하고 있으나 가야와는 낙동강을 마주 보고 열려 있는 점과 관련있다고 본다. 즉, 동쪽은 높고 험준한 비슬산맥이 남으로 뻗어 앞에서 언급한 수봉산·화왕산·관룡산·영취산·영축산 등의 준봉이 잇달아 솟아 있어 신라와의 자연적인 방벽을 형성하고 있으며, 서쪽은 낙동강에 면한 넓은 하구를 가진 계성천과 토평천이 각각 계성고분군, 교동고분군 주변까지 만입되어 있다. 이는 신라에 일찍 복속된 포항, 영천, 경산, 대구, 울산의 지형과는 매우 다르다. 즉, 이러한 지역은 경주지역과 낮은 산지 사이의 곡간 통로로 연결되어 있어 신라가 공략하고 영향력을 행사하기 쉬운 곳이지만, 창녕지역은 그와 다른 지형상의 특징을 지니고 있다. 신라가 이곳에 진출하기 위해서는 금호강을 따라 낙동강을 통하여 남하하거나 밀양에서 낙동강을 따라 올라오는 행로가 상정된다. 이러한 자연적인 조건 때문에 비화가야 지역에 대한 신라의 진출이 다른 낙동강 이동지역에 비해 늦었다고 판단된다.

5세기 초 광개토왕비의 경자년(400년)에 보이는 남정 이후 금관가야는 쇠퇴하며 아라가야도 일시 쇠퇴한다. 한편 고구려와의 전쟁에서 전화를 입지 않은 남해안의 소가야와 내륙의 대가야가 대두한다.

그런데 5세기 초를 전후하여 비화가야가 두각을 나타내는 점이 주목된다. 비화가야산 토기가 이 시기 김해 대성동고분군의 금관가야 왕묘, 합천 옥전고분군의 다라국 왕묘, 의령 유곡리고분군 등 각 지역 수장묘에 출현하기 때문이다. 그래서 5세기 전반은 소가야와 비화가야가 주축을 이루는 시기로 보아도 될 것이며, 나아가 양자는 가야와 마한지역 철소재의 생산과 유통에서 상호적인 관계였다.

최근 필자는 532년 신라에 복속된 것이 분명한 금관가야의 토기양식이 일견 신라양식과 같이 보이지만 실은 비화가야양식을 중심으로 신라양식을 융합한 독자적인 양상을 보이는 점에 새로이 주목하고 있다(박천수 2018).

이는 금관가야양식 보다 더욱 독자적인 양상을 보이며 다른 가야지역으로 활발하게 이입되는 비화가야양식 토기의 의미를 다시 생각하게 한다. 즉, 비화가야가 6세기가 되어서야 신라에 복속되는 금관가야 보다 오히려 고고학적으로는 독자적인 양식의 토기양식을 보유하고 있는 것이다. 나아가 비화가야양식 토기는 낙동강 중·하류역과 남해안 일대에 걸친 금관가야와 소가야권 전역에 5세기 초부터 중엽까지 약 50년에 걸쳐서 이입되고 토기양식에도 영향을 미치고 있다.

금관가야와 소가야권역에서 비화가야산토기와 신라형 철정이 공반되고 다라국의 옥전고분군에서는 신라를 통해 이입된 로마유리기가 창녕산토기와 공반하는 점에서, 비화가야는 신라와 낙동강 대안의 다라국, 낙동강하류역의 금관가야, 남해안의 소가야를 연결하는 철소재를 비롯한 중계교역을 담당한 것으로 본다. 이는 앞서 언급했던 계성리 취락유적과 같이 왜인, 마한인이 거주하면서 철소재를 중계하기 위한 국제적인 교역 거점이 4세기 후엽 비화가야에 존재한 것에서도 유추할 수 있다.

5세기 전반 비화가야는 낙동강 맞은편의 합천 다라국과 의령 유곡리 고분군 축조집단, 금관가야와 지속적으로 교류하였으며, 특히 남해안의 소가야와는 철의 교역을 매개로 한 상호 보완적인 관계였다. 비화가야의 권역과 소가야의 권역이 창원 북면 일대에서 아라가야권과 금관가야권 사이에 회랑처럼 연결된 점에서도 이를 잘 알 수 있다.

삼국시대 토기양식은 시기별로 그 의미가 다르다. 그러나 일반적으로 지역 토기양식이 광역 분포권을 형성한 경우는 당대 유력국으로 문헌기록과 정합성을 띠고 있다. 즉 4세기 영남지방 광역 토기양식 분포권을 형성하는 국은 금관가야, 아라가야, 신라이며, 5세기 후반에는 대가야와 신라가 광역분포권을 형성한다. 게다가 이러한 광역 분포권은 철과 같은 필수물자와 금공품과 같은 위신재가 공반되는 점에서 단순한 문화권으로 볼 수 없으며 정치경제적인 관계를 분명히 내포하고 있다.

필자가 1990년이래 주목해 온 비화가야양식 토기의 분포에 대한 역사적 배경은 이제까지 창녕지역 토기양식에 대한 이해 부족으로 그 중요성이 학계에서 인지되지 못하였다.

5세기 전반 가야토기의 광역분포권은 소가야, 비화가야에서만 확인된다. 소가야는 포상팔국의 중심국이며 국명國名이 대가야大加耶와 대비되는 소가야小加耶인 점에서 유력국이 분명하다. 따라서 5세기대의 비화가야는 문헌기록에 보이지 않지만 후대에 금관가야, 아라가야, 소가야, 대가야와 같이 가야로서 명칭된 것에서 가야 당대의 유력국으로 보아야 할 것이다. 이는 합천의 옥전고분군 축조 집단인 다라국이 '모 가야'로 불리지 못한 점에서도 그러하다. 즉, 비화가야는 다라국보다도 유력한 가야국이었으며, '모 가야'로 불리지 못한 다라국, 탁순국, 탁기탄국 등은 비교적 소국이었을 것이다.

그런데 비화가야의 중심지가 남부에서 북부로 옮겨지는 요인은 남부의 계성고분군 축조세력과 주로 교섭한 집단은 소가야와 다라국이었으나, 5세기 후엽이 되면 소가야가 쇠퇴하고 다라국도 대가야권역에 속하게 되며, 한편 대가야가 흥기하는 것과 관련된다.

필자는 북부의 교동고분군 축조세력이 흥기한 것은 소가야, 다라국의 약화와 대가야의 흥기가 그 배경에 있다고 보며, 그 배후에는 신라의 영향력이 있었을 것이다.

비화가야와 마주보는 낙동강 서안의 다라국과 낙동강하류역의 금관가야, 남해안의 소가야와의 관계로 볼 때, 비화가야 토기양식이 소멸되고 각지에 이입되던 이 지역 토기가 반출되지 않는 시점인 5세기 후엽이야 말로 신라가 비화가야에 영향력을 미친 시기라 생각한다.

이는 낙동강 서안에서 창녕지역과 같은 역할을 담당해 온 합천 다라국 세력의 활동이 대가야에 의해 통제되는 5세기 후엽과 연동되는 시기인 점에서 더욱더 개연성이 높다. 그 이전시기의 비화가야와 다라국, 금관가야, 소가야의 지속적인 교섭은 비화가야의 독자적인 경제적·정치적 활동을 한 것으로 평가할 수 있다.

이처럼 비화가야는 대가야, 다라국, 아라가야에 면한 낙동강 동안의 위치와 신라가야양식을 절충한 토기양식, 신라 가야의 장신구와 장식대도가 사용된 점 등으로 볼 때 신라와 가야 사이 일종의 완충지대 역할을 한 정치체였다고 생각한다. 고대 국간의 관계를 현대처럼 국경선이 명확한 국가 관계와 같은 개념으로 설명하기 어렵다.

비화가야의 교동고분군은 현재 세계유산 등재를 목표로 하고 있다. 세계유산 등재에는 그 고분군이 가진 역사적 함의를 도출하여야 할 것이다. 장대한 교동고분군이야말로 왜와 신라, 가야제국과의 활발한 비화가야의 대외교섭의 산물이다. 그리고 앞에서 언급한 다라국의 합천 옥전M1호분 출토 로마유리기는 비화가야를 매개로 이입된 것이 분명하기에 앞으로 창녕지역에서 발견이 기대된다. 장차 고대 실크로드 초원로草原路와도 연결된 비화가야 역사문화의 규명이 매우 기대된다.

비화가야사에 대한 연구는 이제부터 시작이라 할 수 있다. 먼저 가야, 신라, 백제, 일본열도에 이입된 수많은 비화가야양식 토기에 대한 현황 파악과 역사적 배경에 대한 연구를 통하여 비화가야의 역할과 위상에 대한 논의가 필요하다.

필자는 가야의 정치구도에 대하여 4세기는 금관가야, 아라가야, 5세기 전반 소가야, 아라가야, 비화가야, 대가야, 5세기 후반~6세기 중엽 대가야와 아라가야가 중심세력이었던 것으로 보았다(박천수 2018).

이는 근래 4세기 말 금관가야 왕묘에 필적하는 아라가야의 대형 왕묘인 함안군 말이산45호분의 발굴에 의해 종래 금관가야 주도의 단일연맹체설이 사실이 아닌 것으로 밝혀진 것에서도 알 수 있다.

그래서 비화가야사의 규명에는 4세기와 5세기 전반의 왕묘에 대한 조사가 반드시 필요하다고 생각한다. 앞으로 이 시기 창녕의 중심지인 남부 즉 영산, 계성일대의 왕묘를 포함한 체계적인 유적의 조사를 통하여 비화가야사에 대한 정당한 평가를 기대한다.

참고문헌

1. 보고서

1) 비화가야권역(창녕)

(1) 화왕산성(火旺山城)

慶尙文化財硏究院, 2013, 『昌寧 火旺山城 西門址』, (發掘調査調査報告書第21冊), 晋州, 慶尙文化財硏究院.
김시환·구민정·이성호, 2013, 『昌寧 火旺山城內 蓮池』, (發掘調査調査報告書第74輯), (學術調査硏究叢書第74輯), 馬山, 慶南文化財硏究院.

(2) 교동고분군(校洞古墳群)

穴澤咊光·馬目順一, 1975, 「昌寧校洞古墳群-梅原考古資料による谷井濟一氏發掘遺物の硏究-」, 『考古學雜誌』第60卷4號, , 東京, 日本考古學會.
沈奉謹·朴光春·李東注·辛勇旻·高久健二, 1992, 『昌寧校洞古墳群』, (東亞大學校博物館調査報告第21冊), 釜山, 東亞大學校博物館.
국립가야문화재연구소, 2013, 『창녕교동고분군 주차장 조성부지 내 유적 발굴조사 보고』, (학술조사보고 제57집), 창원, 국립가야문화재연구소.
우리문화재연구원, 2014, 『사적 제514호 昌寧校洞과 松峴洞古墳群-종합학술연구보고서-』, (學術調査硏究叢書65冊), 昌原, 우리문화재연구원.
우리문화재연구원, 2014, 『昌寧校洞과 松峴洞古墳群-第1群 7號墳 및 周邊 古墳-』, (學術調査硏究叢書71冊), 昌原, 우리문화재연구원.
國立金海博物館, 2015, 『昌寧 校洞 7號墳』, (日帝强占期調査報告18輯), 金海, 國立金海博物館.
국립가야문화재연구소, 2015, 『창녕교동88호분 발굴조사보고서』, (學術硏究叢書

第67輯), 昌原, 국립가야문화재연구소.

(3) 송현동고분군(松峴洞古墳群)

慶南文化財研究院, 2006, 『昌寧 松峴洞 古墳群-2-5호분 시굴조사 및 6-7호분 발굴조사-』, (學術調查研究叢書第48輯), 馬山, 慶南文化財研究院.
국립가야문화재연구소, 2011, 『창녕 송현동고분군I-6·7호분 발굴조사보고-』, (學術研究叢書第50輯), 昌原, 국립가야문화재연구소.
국립가야문화재연구소, 2014, 『창녕 송현동고분군Ⅱ-15-17호분 발굴조사보고-』, (學術研究叢書第51輯), 昌原, 국립가야문화재연구소.
慶南發展研究院歷史文化센터, 2017, 『창녕 교동과 송현동고분군 제Ⅲ군1-1호분·8호분』, (慶南發展研究院 歷史文化센터 調查研究報告書 第135冊), 昌原, 慶南發展研究院歷史文化센터.

(4) 계성리고분군(桂城里古墳群)

慶尙南道, 1997, 『昌寧桂城里古墳群發掘調查報告』, 서울, 文化財管理局.
李殷昌·梁道榮·金龍星·張正男, 1991, 『昌寧桂城里古墳群-桂域1·4號墳-』, (學術調查報告第9冊), 慶山, 嶺南大學校博物館.
鄭澄元·全玉年, 1995, 『昌寧桂城古墳群』, (釜山大學校博物館研究叢書第18輯), 釜山, 釜山大學校博物館.
姜仁求, 1998, 「昌寧桂城里 桂南北5號墳」, 『淸溪史學』14, 果川, 韓國精神文化研究院淸溪史學會.
辛勇旻, 2000, 『昌寧桂城古墳群』, (湖岩美術館遺蹟發掘調查報告第6冊), 龍仁, 湖岩美術館.
慶南考古學研究所, 2001, 『昌寧 桂城 新羅 高塚群』, 晋州, 慶南考古學研究所.
국립가야문화재연구소, 2014, 『창녕 영산고분군』, (學術研究叢書第61輯), 昌原, 국립가야문화재연구소.
두류문화재연구원, 2017, 『창녕 계성리 고분군』, 發掘調查報告書 第24·25輯.
慶南發展研究院歷史文化센터, 2017, 『창녕 계성고분군 2·3호분』, (慶南發展研究院 歷史文化센터 調查研究報告書 第132冊), 昌原, 慶南發展研究院歷史文化센터.

(5) 계성리유적(桂城里遺蹟)

우리문화재연구원, 2008, 『昌寧 桂城里遺蹟』, (學術調査硏究叢書8冊), 昌原, 우리문화재연구원.

(6) 동리고분군(東里古墳群)

한겨레문화재연구원, 2014, 『昌寧 東里遺蹟Ⅰ』, (학술조사보고서제27책), 蔚山, 한겨레문화재연구원.

(7) 여타유적

金誠龜·金正完·權相烈·姜炅希, 1991, 『昌寧余草里土器窯跡(Ⅰ)』, (國立晋州博物館遺蹟調査報告書第7冊), 晋州, 國立晋州博物館.
慶南發展硏究院歷史文化센터, 2004, 『昌寧友江里古墳群』(慶南發展硏究院歷史文化센터調査硏究報告書第12冊), 昌原, 慶南發展硏究院歷史文化센터·釜山地方國土管理廳.
慶南考古學硏究所, 2005, 『昌寧 末屹里遺蹟』, 晋州, 慶南考古學硏究所.
東西文物硏究院, 2009 『昌寧 兎川里遺蹟』, (東西文物硏究院調査硏究報告第6冊), 金海, 東西文物硏究院·陜川郡.
頭流文化硏究院, 2017, 『창녕 명리고분군』, (發掘調査報告書第26輯), 金海, 頭流文化硏究院.

2) 비화가야권역(청도)

慶尙北道文化財硏究院, 2006, 『청도 봉기리 유적』, (慶尙北道文化財硏究院學術調査報告第67冊), 慶山, 慶尙北道文化財硏究院.
慶尙北道文化財硏究院, 2010, 『청도 성곡리 유적』Ⅰ, (慶尙北道文化財硏究院學術調査報告第142冊), 慶山, 慶尙北道文化財硏究院.
慶尙北道文化財硏究院, 2010, 『청도 성곡리 유적』Ⅱ, (慶尙北道文化財硏究院學術調査報告第142冊), 慶山, 慶尙北道文化財硏究院.
慶尙北道文化財硏究院, 2010, 『청도 성곡리 유적』Ⅲ, (慶尙北道文化財硏究院學術調査報告第142冊), 慶山, 慶尙北道文化財硏究院.
慶尙北道文化財硏究院, 2011, 『청도 성곡리 유적』Ⅳ, (慶尙北道文化財硏究院學術

　　　　調査報告第168冊), 慶山, 慶尙北道文化財硏究院.
慶尙北道文化財硏究院, 2011,『청도 성곡리 유적』V, (慶尙北道文化財硏究院學術
　　　　調査報告第169冊), 慶山, 慶尙北道文化財硏究院.
慶尙北道文化財硏究院, 2011,『청도 성곡리 유적』VI, (慶尙北道文化財硏究院學術
　　　　調査報告第170冊), 慶山, 慶尙北道文化財硏究院.
慶尙北道文化財硏究院, 2019,『청도 송서리 710번지유적』, (慶尙北道文化財硏究
　　　　院學術調査報告第252冊), 慶山, 慶尙北道文化財硏究院.

3) 비화가야 토기 출토 유적

(1) 한국

(A) 김해시(金海市)

(a) 봉황토성(鳳凰土城)

심재용·박진현, 2004,『金海 會峴洞 消防道路 區間 內 遺蹟 13·14·15통』, (調査
　　　　硏究報告書第10冊), 昌原, 慶南發展硏究院 歷史文化센터.
최종규·김현·김혜진, 2005,『鳳凰土城-김해회현동사무소-분성로간 소방도로 개
　　　　설구간 발굴조사 보고서-』, 晋州, 慶南考古學硏究所.
김한상·홍성우·정태진, 2005,『金海 鳳凰洞 遺蹟-金海 韓屋生活體驗館 造成敷地
　　　　內 遺蹟 發掘調査 報告書』, (慶南考古學硏究所 遺蹟發掘調査 報告書第2
　　　　冊, 晋州, 慶南考古學硏究所.
이창희, 2006,『傳金官伽倻宮墟址 : 시굴조사 보고서』, (釜山大學校博物館硏究叢
　　　　書第32輯), 釜山, 釜山大學校博物館.
김갑진·김병표·이유진, 2014,『김해 봉황동유적』, (東洋文物硏究院調査硏究報告
　　　　第16輯), 釜山, 東洋文物硏究院.
頭流文化硏究院, 2016,『김해 부곡동·봉황토성』, (發掘調査報告書第15·16輯), 金
　　　　海, 頭流文化硏究院.

(b) 대성동고분군(大成洞古墳群)

大成洞古墳博物館, 2013,『金海 大成洞古墳群-73~84號墳-』, (博物館學術叢書第
　　　　13冊), 金海, 大成洞古墳博物館.

大成洞古墳博物館, 2016, 『金海 大成洞古墳群-92~94號墳, 支石墓-』, (博物館學術叢書第17冊), 金海, 大成洞古墳博物館.

(c) 예안리고분군(禮安里古墳群)

鄭澄元(外), 1985, 『金海禮安里古墳群Ⅰ』, (釜山大學校博物館遺蹟調査報告第8輯), 釜山, 釜山大學校博物館.

鄭澄元(外), 1993, 『金海禮安里古墳群Ⅱ』, (釜山大學校博物館遺蹟調査報告第15輯), 釜山, 釜山大學校博物館.

(d) 죽곡리고분군(竹谷里古墳群)

辛勇旻(外), 2010, 『金海竹谷里遺蹟Ⅰ』, (東亞細亞文化財研究院發掘調査報告書第36輯), 馬山, 東亞細亞文化財研究院.

(e) 여래리유적(餘來里遺蹟)

우리문화재연구원, 2009, 『金海 餘來里遺蹟』, (學術調査研究叢書17冊), 昌原, 우리문화재연구원.

韓國文化財保護財團, 2014, 『金海 本山里·餘來里 遺蹟Ⅰ~Ⅲ』(學術調査報告 第274冊)서울, 韓國文化財保護財團.

(f) 칠산동고분군(七山洞古墳群)

申敬澈·李相憲·李海蓮·金宰佑, 1989, 『金海七山洞古墳群Ⅰ-第Ⅲ地區의 發掘調査-』, (慶星大學校博物館遺蹟調査報告第1輯), 釜山, 慶星大學校博物館.

(g) 부원동유적(府院洞遺蹟)

東亞大學校博物館, 1981, 『金海府院洞遺蹟』, (古蹟調査報告第五冊), 釜山, 東亞大學校博物館.

(h) 여타유적

김재우·이영주·전성남·박소은, 2001, 『金海윗德亭遺蹟Ⅰ』, (慶星大學校博物館遺

蹟調査報告第8輯), 釜山, 慶星大學校博物館.
全虎兒·金榮眠·金賢哲, 2001, 『金海陵洞遺蹟I - 木槨墓』, (蔚山大學校博物館學術 研究叢書第 8 輯), 蔚山, 蔚山大學校博物館·韓國土地公社.
김영대·현희정·이유진, 2006, 『金海 安養里 古墳群-2~5호분 시굴조사 및 6~7호분 발굴조사-』, (學術調査研究叢書第33輯), 馬山, 慶南文化財研究院.
全虎兒·金榮眠(外), 2012, 『金海陵洞遺蹟II - 石槨墓』, (蔚山大學校博物館學術研究叢書第17輯), 蔚山, 蔚山大學校博物館.

(B) 부산시(釜山市)

(a) 복천동고분군(福泉洞古墳群)

禹順姬·金枝秀, 2001, 『東萊福泉洞鶴巢臺古墳』, 釜山, 釜山大學校博物館.

(b) 연산동고분군(蓮山洞古墳群)

釜山博物館, 2014, 『蓮山洞 M3號墳 -연산동 고총고분군 2차 조사-』, (釜山博物館 學術研究叢書第41輯), 釜山, 釜山博物館.
釜山博物館, 2014, 『蓮山洞 M7·M10號墳 -연산동 고총고분군 3차 조사-』, (釜山博物館學術研究叢書第44輯), 釜山, 釜山博物館.
釜山博物館, 2014, 『蓮山洞 M8號墳 -1987년도 조사-』, (釜山博物館學術研究叢書第45輯), 釜山, 釜山博物館.

(c) 가달고분군(加達古墳群)

宋桂鉉·洪潽植, 1993, 『生谷洞加達古墳群I』, (釜山直轄市立博物館遺蹟調査報告書第 8 冊), 釜山, 釜山直轄市立博物館.
釜山直轄市立博物館, 2001, 『生谷洞加達古墳群II』, (釜山直轄市立博物館遺蹟調査報告書第20冊), 釜山, 釜山直轄市立博物館.
東洋文物研究院, 2014, 『부산 생곡동 가달고분군』, (調査研究報告第18輯), 釜山, 東洋文物研究院.

(d) 미음동고분군(美音洞古墳群)

한겨레문화재연구원, 2013, 『釜山 美音洞 1180番地 遺蹟』, (학술조사보고서제19

책), 蔚山, 한겨레문화재연구원.

(e) 구랑동고분군(九朗洞古墳群)

釜山博物館, 2013, 『九朗洞古墳群』, (釜山博物館學術硏究叢書第37輯), 釜山, 釜山博物館.

(f) 여타유적

尹炳鏞·林孝澤·沈奉謹, 1983, 『釜山德川洞古墳』, (釜山直轄市立博物館遺蹟調査報告書第1冊), 釜山, 釜山直轄市立博物館.

(C) 함안군(咸安郡)

(a) 오곡리고분군(梧谷里古墳群)

朴東百·金亨坤·崔憲燮·兪炳一·朴文洙, 1995, 『咸安梧谷里遺蹟』, (昌原大學校博物館學術調査報告第 9 冊), 昌原, 韓國道路公社·昌原大學校博物館.
박동백·박성천·권주영·정현광·임지승·이유진·강정미, 2007, 『咸安梧谷里遺蹟』, (學術調査硏究叢書第62輯), 昌原, 慶南文化財硏究院.
우리문화재연구원, 2008, 『咸安 梧谷里 87番地 遺蹟』, (學術調査硏究叢書9冊), 우리문화재연구원.
우리문화재연구원, 2010, 『咸安梧谷里 28番地遺蹟』, (學術調査硏究叢書26冊), 昌原, 우리문화재연구원.

(D) 합천군(陜川郡)

(a) 옥전고분군(玉田古墳群)

趙榮濟, 1988, 『陜川玉田古墳群I-木槨墓-』, (慶尙大學校博物館調査報告第 3 輯), 晋州, 慶尙南道·慶尙大學校博物館.
趙榮濟·朴升圭·金貞禮·柳昌煥·李瓊子, 1992, 『陜川玉田古墳群Ⅲ-M1·M2號墳-』, (慶尙大學校博物館調査報告第7輯), 晋州, 慶尙大學校博物館.
趙榮濟·朴升圭·柳昌煥·李瓊子·金相哲, 1993, 『陜川玉田古墳群Ⅳ-M4·M6·M7號墳-』, (慶尙大學校博物館調査報告第7輯), 晋州, 慶尙大學校博物館.
趙榮濟·柳昌煥·李瓊子, 1997, 『陜川玉田古墳群Ⅵ-23·28號墳-』, (慶尙大學校博

館硏究叢書第16輯), 晋州, 慶尙大學校博物館.

趙榮濟·柳昌煥·李瓊子, 1998,『陜川玉田古墳群Ⅶ-12·20·24號墳-』, (慶尙大學校博物館硏究叢書第19輯), 晋州, 慶尙大學校博物館.

趙榮濟·柳昌煥·河承哲, 1999,『陜川玉田古墳群Ⅷ-M5·M7·35號墳-』, (慶尙大學校博物館硏究叢書第21輯), 晋州, 慶尙大學校博物館.

趙榮濟·柳昌煥·河承哲, 2000,『陜川玉田古墳群Ⅸ-67-A·B´73~76號墳-』, (慶尙大學校博物館硏究叢書第23輯), 晋州, 慶尙大學校博物館.

趙榮濟·柳昌煥, 2003,『陜川玉田古墳群Ⅹ-88-102號墳-』, (慶尙大學校博物館硏究叢書第26輯), 晋州, 慶尙大學校博物館.

(E) 밀양시(密陽市)

(a) 월산리고분군(月山里古墳群)

密陽大學校博物館, 2004,『密陽 月山里古墳群』(密陽大學校博物館學術調査報告第4冊), 密陽, 密陽大學校博物館·密陽市.

(b) 귀명리고분군(貴明里古墳群)

趙賢庭·黃外植, 2007,『密陽 貴明里 三國時代 무덤군Ⅰ-Ⅲ』, 晋州, 慶南考古學硏究所.

(c) 신안유적(新安遺蹟)

慶南發展硏究院歷史文化센터, 2006,『密陽 新安遺蹟Ⅰ-Ⅱ』(慶南發展硏究院歷史文化센터調査硏究報告書第45冊), 昌原, 慶南發展硏究院歷史文化센터·釜山地方國土管理廳.

(d) 미전리유적(美田里遺蹟)

東亞細亞文化財硏究院, 2013,『密陽 美田里複合遺蹟』, (東亞細亞文化財硏究院發掘調査報告書第71輯), 馬山, 東亞細亞文化財硏究院.

(e) 임천리유적(臨川里遺蹟)

頭流文化硏究院, 2016,『밀양 임천·금곡유적』, (發掘調査報告書第17輯), 金海, 頭

流文化硏究院.

(f) 양동리고분군(良東里古墳群)

최경규(외), 2017, 『密陽 良東里古墳群』, (東亞細亞文化財硏究院發掘調査報告書 第97輯), 馬山, 東亞細亞文化財硏究院.

(F) 의령군(宜寧郡)

(a) 유곡리고분군(柳谷里古墳群)

慶南發展硏究院歷史文化센터, 2018, 『의령 유곡리고분군 2호분』, (慶南發展硏究院 歷史文化센터 調査硏究報告書 第141冊), 昌原, 慶南發展硏究院歷史文化센터.

(G) 산청군(山淸郡)

(a) 옥산리고분군(玉山里古墳群)

趙榮濟·柳昌煥·宋永鎭, 2002, 『山淸玉山里遺蹟 - 木槨墓 - 』, (慶尙大學校博物館硏究叢書第25輯), 晋州, 韓國道路公社·慶尙大學校博物館.

趙榮濟·宋永鎭, 2013, 『山淸玉山里遺蹟 - 石槨墓 - 』, (慶尙大學校博物館硏究叢書第34輯), 晋州, 韓國道路公社·慶尙大學校博物館.

(b) 묵곡리유적(默谷里遺蹟)

慶南大學校博物館, 2013, 『山淸 默谷里遺蹟』, (慶南大學校博物館學術調査硏究報告第25輯), 昌原, 慶南大學校博物館.

(H) 창원시(昌原市)

(a) 현동고분군(縣洞古墳群)

朴東百·李盛周·金亨坤, 1990, 『馬山 縣洞遺蹟』, (昌原大學校博物館學術調査報告 3), 昌原, 昌原大學校博物館.

東西文物硏究院, 2012, 『馬山 縣洞遺蹟Ⅰ』, (東西文物硏究院調査硏究報告書第51冊), 金海, 東西文物硏究院.

楊花英(外), 2012, 『馬山 縣洞遺蹟Ⅱ』, (東西文物硏究院調査硏究報告書第64冊),

　　　　金海, 東西文物硏究院.

(b) 합성동고분군(合城洞古墳群)

禹枝南(外), 2007, 『馬山合城洞遺蹟』, 晉州, 慶南考古學硏究所.

(c) 대평리유적(大坪里遺蹟)

慶南發展硏究院歷史文化센터, 2011, 『馬山 鎭北 大坪里遺蹟』, (慶南發展硏究院歷
　　　　史文化센터調査硏究報告書第90冊), 昌原, 慶南發展硏究院歷史文化센터.

(d) 도계동고분군(道溪洞古墳群)

朴東百·秋淵植, 1987, 『昌原道溪洞古墳群Ⅰ』, (昌原大學博物館學術調査報告第1
　　　　冊), 昌原, 昌原大學博物館.
林孝澤·郭東哲, 1996, 『昌原道溪洞古墳群』, (東義大學校博物館學術叢書4), 釜山,
　　　　東義大學校博物館.
慶南發展硏究院歷史文化센터, 2004, 『昌原道溪洞遺蹟』, (慶南發展硏究院歷史文化
　　　　센터調査硏究報告書第26冊), 昌原, 慶南發展硏究院歷史文化센터.

(e) 동전리유적(東田里遺蹟)

楊花英·余昌炫, 2012, 『昌原 東田里遺蹟』, (東西文物硏究院調査硏究報告第53冊),
　　　　東西文物硏究院.
東西文物硏究院, 2013, 『昌原 東田里古墳群』, (東西文物硏究院調査硏究報告書第
　　　　70冊), 金海, 東西文物硏究院.

(f) 다호리고분군(茶戶里古墳群)

任鶴鐘·洪鎭根·張尙勳, 2001, 『德山-本浦間地方道路工事區間內發掘調査 昌原
　　　　茶戶里遺蹟』, (國立博物館古蹟調査報告第32冊, 서울, 國立中央博物館·
　　　　慶尙南道.

(g) 석동유적(石洞遺蹟)

慶尙文化財硏究院, 2017, 『昌原石洞1-40·9-18番地遺蹟』, (發掘調査調査報告書第

57冊), 晋州, 慶尙文化財硏究院.

배덕환(外), 2017, 『昌原 石洞複合遺蹟Ⅰ-Ⅵ』, (東亞細亞文化財硏究院發掘調査報告書第96輯), 馬山, 東亞細亞文化財硏究院.

慶尙文化財硏究院, 2017, 『昌原 石洞 1-40·9-18番地 遺蹟』, (發掘調査報告書 第57冊), 晋州, 慶尙文化財硏究院.

(h) 마천동유적(馬川洞遺蹟)

辛勇旻(外), 2011, 『鎭海 馬川洞 遺蹟』, (東亞細亞文化財硏究院發掘調査報告書第52輯), 馬山, 東亞細亞文化財硏究院.

(I) 통영시(統營市)

文栢成, 2009, 『統營 藍坪里遺蹟』, (東西文物硏究院調査硏究報告書第17冊), 金海, 東西文物硏究院.

2. 도록과 자료집

김세기·노중국·박천수·이명식·이희준·주보돈, 1998, 『가야문화도록』, 대구, 경상북도.
國立金海博物館, 1998, 『國立金海博物館圖錄』, 서울, 通川文化社.
國立金海博物館, 1999, 『가야의 그릇받침』, 서울, 通川文化社.
國立文化財硏究所, 2005, 『일본 도쿄박물관 소장 오구라 컬렉션 한국문화재』, 大田, 國立文化財硏究所.
昌寧博物館, 2007, 『소장유물도록』, 昌寧, 昌寧博物館.
國立金海博物館, 2008, 『國立金海博物館圖錄』, 서울, 通川文化社.
國立加耶文化財硏究所·國立金海博物館, 2010, 『비사벌』, 昌原, 國立加耶文化財硏究所·國立金海博物館.
유병록 외, 2013, 『창녕 계성리에 찾아온 백제사람들』, 昌寧, 昌寧博物館.
國立金海博物館, 2014, 『비사벌의 지배자 그 기억을 더듬다』, 金海, 國立金海博物館·우리문화재연구원·昌寧郡.
國立金海博物館, 2015, 『유리건판으로 보는 창녕고분군』, 金海, 國立金海博物館.

國立金海博物館, 2017, 『밀양』, 金海, 國立金海博物館.
國立金海博物館, 2018, 『국립김해박물관』, 金海, 國立金海博物館.
國立加耶文化財硏究所, 2018, 『가야 일제강점기 자료편』(가야자료총서02), 昌原, 國立加耶文化財硏究所.
國立加耶文化財硏究所, 2018, 『가야 발굴조사 자료편』(가야자료총서03), 昌原, 國立加耶文化財硏究所.
福泉博物館, 2018, 『고대인의 멋 귀걸이』, 釜山, 福泉博物館.

1) 일본

(1) 나가사키현(長崎縣)

水野淸一·樋口隆康·岡崎敬(編), 1953, 『対馬』, (東方考古學叢刊2種6冊), 東京, 東亞考古學會.
小田富士雄(編), 1974, 『対馬 浅茅湾とその周辺の考古學調査』, (長崎縣文化財調査報告書第17集), 長崎, 長崎縣敎育委員會.
坂田邦洋·永留史彦, 1974, 『惠比須山遺蹟發掘調査報告』, 峰, 長崎縣峰村敎育委
本田英樹(編), 1993, 『箕島遺蹟』, (美津島町文化財調査報告書第6集), 美津島町敎育委員會.

(2) 시마네현(島根縣)

角田德幸(編), 2003, 『史跡出雲國府跡1』, 松江, 島根縣敎育委員會.

(3) 돗토리현(鳥取縣)

鳥取縣敎育文化事業團, 1981, 『長瀨高浜遺蹟發掘調査報告書Ⅲ』, 鳥取, 財團法人鳥取縣敎育文化事業團.
鳥取縣敎育文化事業團, 1981, 『長瀨高浜遺蹟發掘調査報告書Ⅳ』, 鳥取, 財團法人鳥取縣敎育文化事業團.
鳥取縣敎育文化事業團, 1983, 『長瀨高浜遺蹟發掘調査報告書Ⅵ』, 鳥取, 財團法人鳥取縣敎育文化事業團.

(4) 오카야마현(岡山縣)

下澤公明(編), 1996, 『斎富遺蹟』, 岡山, 岡山縣文化財保護協會.

(5) 교토부(京都府)

河野一隆(編), 1997, 「奈具岡北古墳群」, 『京都府遺蹟調査槪報』第76冊, 京都, 京都府埋藏文化財センター.

(6) 나라현(奈良縣)

疆原考古學硏究所, 1984, 『大神神社境內發掘調査報告書-防災工事に伴う調査』, 疆原考古學硏究所.

3. 논고

1) 국문

강진아, 2015, 「창녕 교동 7호분 금동제 용문투조 안장에 대한 간략한 검토」, 『昌寧 校洞 7號墳』, (日帝强占期調査報告18輯), 國立金海博物館.

김두철, 2003, 「무기·무구 및 마구를 통해 본 가야의 전쟁」, 『한국고대사와 고고학 학산 김정학박사 송수기념논총』, 학연문화사.

_____, 2011, 「고고유물을 통해 본 창녕 정치체의 성격」, 『고대 창녕지역사 연구의 제문제』, 창녕군·부산대학교한국문화연구소.

김도영, 2016, 「가야의 무기」, 『가야고고학개론』, (중앙문화재연구원 학술총서29), 진인진.

김수환, 2015, 「일제강점기 창녕지역 고분 조사」, 『昌寧 校洞 7號墳』, (日帝强占期調査報告18輯), 金海, 國立金海博物館.

김승신, 2017, 「창녕 계성고분군 2·3호분 출토 마구와 무구」, 『창녕 계성고분군 2·3호분』, (慶南發展硏究院 歷史文化센터 調査硏究報告書 第132冊), 昌原, 慶南發展硏究院歷史文化센터.

김옥순외, 2012, 「창녕지역 양식 토기의 생산체계」, 『백제학보』, 백제학회.

김용성, 2009, 「창녕지역 고총 묘제의 특성과 의의」, 『한국 고대사 속의 창녕』, 창녕군·경북대영남문화연구원.

_____, 2011, 「창녕지역의 신라고총과 의의」, 『신라사학보』22, 신라사학회.

김혁중, 2014, 「창녕지역 출토 古代 甲冑의 특징과 의미」, 『비사벌의 지배자 그 기억을 더듬다』, 金海, 國立金海博物館·우리문화재연구원·昌寧郡.

_____, 2015, 「유물로 살펴본 창녕지역의 교류·교섭에 대한 검토」, 『비사벌 가야에서 신라로』, 국립김해박물관.

김찬영, 2019, 「창녕 영산고분군의 조영과 성격」, 『창녕 영산고분군의 조영과 성격』, 창녕군·두류문화연구원.

김태식, 1993, 『가야연맹사』, 일조각.

高久健二, 1992, 「綜合考察-鐵製遺物」 『昌寧校洞古墳群』, 東亞大學校博物館.

남재우, 2003, 『安羅國史』, 혜안.

박천수, 1990, 『5-6세기대 창녕지역 도질토기의 연구』(慶北大學校 大學院 碩士學位論文), 경북대학교 대학원.

_____, 1993, 「三國時代 昌寧地域 集團의 性格研究」, 『嶺南考古學』13, 영남고고학회.

_____, 2000a, 「考古學으로 본 加羅國史」, 『가야각국사의 재구성』, 혜안.

_____, 2000b, 「고고학자료를 통해 본 대가야」, 『고고학을 통해 본 가야』, 한국고고학회.

_____, 2000c, 「三國時代 玄風地域 土器의 地域相」, 『慶北大學校 考古人類學科 20周年 紀念論叢』, 慶北大學校考古人類學科.

_____, 2001, 「고고자료를 통해 본 가야시기의 창녕지방」, 『가야시기 창녕지방의 역사·고고학적 성격』, 창원문화재연구소.

_____, 2007, 『새로쓰는 고대한일교섭사』, 사회평론.

_____, 2010, 『가야토기-가야의 역사와 문화』, 진인진.

_____, 2018, 『가야문명사』, 진인진.

_____, 2019, 「고고학으로 본 비화가야사의 새로운 접근」, 『창녕 영산고분군의 조영과 성격』, 창녕군·두류문화연구원.

_____, 1993, 「三國時代 昌寧地域 集團의 性格研究」, 『嶺南考古學』13, 영남고고학회.

_____, 2000a, 「考古學으로 본 加羅國史」, 『가야각국사의 재구성』, 혜안.

_____, 2000b, 「고고학자료를 통해 본 대가야」, 『고고학을 통해 본 가야』, 한국고고

　　　　학회.

_____, 2000c, 「三國時代 玄風地域 土器의 地域相」, 『慶北大學校 考古人類學科 20周年 紀念論叢』, 慶北大學校考古人類學科.

_____, 2001, 「고고자료를 통해 본 가야시기의 창녕지방」, 『가야시기 창녕지방의 역사·고고학적 성격』, 창원문화재연구소.

_____, 2010, 『가야토기-가야의 역사와 문화』, 진인진.

_____, 2018, 「고고학으로 본 가야의 권역과 대가야 영역국가의 역사적 의의」, 『가야사의 공간적 범위』, (가야 복원을 위한 국제 학술회의), 계명대학교 인문학연구단 한국학연구원.

_____, 2018, 『가야문명사』, 진인진.

_____, 2019, 「고고학으로 본 비화가야사의 새로운 접근」, 『창녕 영산고분군의 조영과 성격』, 창녕군·두류문화연구원.

박현주, 2011, 『昌寧比斯伐伽倻의 成立과 發展』, (한국교원대학교석사논문), 한국교원대학교.

배정연, 2012, 『三國時代 昌寧地域 土器文化 硏究』, (부산대학교석사논문), 부산대학교대학원.

백승옥, 1992, 「新羅·百濟 각축기의 比斯伐加耶」, 『釜大史學』15·16, 부산대학교사학회.

_____, 2001, 「문헌자료를 통해 본 가야시기의 창녕지방」, 『가야시기 창녕지방의 역사·고고학적 성격』, 창원문화재연구소.

_____, 2003, 『가야 각국사 연구』, 혜안.

_____, 2011, 「고대 창녕지역사 연구의 제문제」, 『고대 창녕지역사 연구의 제문제』, 창녕군·부산대학교한국문화연구소.

백승충, 2011, 「문헌을 통해 본 고대 창녕지역 정치체의 성격」, 『고대 창녕지역사 연구의 제문제』, 창녕군·부산대학교한국문화연구소.

송계현, 1995, 「낙동강하류역의 고대 철생산」, 『가야제국의 철』, 인제대학교 가야문화연구소.

선석열, 1997, 「창녕지역 출토 토기 명문 대간의 검토」, 『지역과 역사』, 13, 부산사학회.

신경철, 1989, 「삼한·삼국·통일신라시대의 부산」, 『부산시사』1, 부산, 부산대학교사학회.

신동조, 2014, 「신라의 농공구」, 『신라고고학개론』, (중앙문화재연구원 학술총서 20), 진인진.

심현철, 2013, 「창녕 교동 12호분의 구조와 성격」, 『야외고고학』, 18, 한국문화재조사협회.

_____, 2015, 「묘제로 살펴본 비사벌의 성격 검토」, 『비사벌 가야에서 신라로』, 국립김해박물관.

안성현, 2007, 「경남지역 고대 석축산성 축조기법에 관한 연구」, 『한국성곽학보』 11, 한국성곽학회.

안성현·배한·윤용술, 2011, 「창녕지역 고대 성곽에 대한 연구」, 『한국성곽학보』 19, 한국성곽학회.

안유리·김정완, 2015, 「창녕 교동 7호분 출토 토기」, 『昌寧 校洞 7號墳』, (日帝强占期調査報告18輯), 金海, 國立金海博物館.

임학종, 2007, 「낙동강 하지류역의 패총문화에 대한 재인식」, 『대동고고』1, 대동문화재연구원.

이양수·전지현, 2015, 「창녕 교동 7호분 출토 보습에 대하여」, 『昌寧 校洞 7號墳』, (日帝强占期調査報告18輯), 金海, 國立金海博物館.

이수훈, 2001, 「6세기 창녕지역 지배형태」, 『昌寧 桂城 新羅 高塚群』, 慶南考古學研究所.

이성주, 2012, 「창녕 계성고분군의 역사고고학적 의의」, 『계성고분군의 역사적 임와 활용방안』, 경남발전연구원 역사문화센터.

_____, 2012, 「고대 창녕지역집단의 고고학적 논의」, 『군사연구』133, .

이영식, 1993, 「창녕 교동 11호분 출토 환두대도명」, 『송갑호교수 정년퇴임 기념논문집』, 송갑호교수 정년기념논문집간행위원회.

_____, 2017, 『가야제국사 연구』, 생각과 종이.

이주헌, 2012, 「考古資料로본 比斯伐의 對外交流」, 『영남고고학』62, 영남고고학회.

이한상, 2009, 「장신구로 본 5-6세기 창녕지역의 정치적 동향」, 『한국 고대사 속의 창녕』, 창녕군·경북대영남문화연구원.

이희준, 1998a, 「김해 예안리유적과 신라의 낙동강 서안진출」, 『韓國考古學報』39, 한국고고학회.

_____, 1998b, 『4~5世紀 新羅의 考古學的硏究』, (서울大學校文學博士學位論文), 서울大學校大學院.

_____, 2005, 「4-5세기 창녕지역 정치체의 읍락 구성과 동향」, 『嶺南考古學』 37, 嶺南考古學會.

_____, 2007, 『신라 고고학 연구』, 사회평론.

_____, 2017, 『대가야 고고학 연구』, 사회평론.

이현정·류진아, 2011, 「마구와 이식을 통해 본 창녕지역의 금공품 제작 가능성」, 『경북대학교 고고인류학과 30주년기념 고고학논총』, 경북대학교출판부.

이현정, 2015, 「馬具로 본 昌寧地域의 馬事文化」, 『비사벌 가야에서 신라로』, 국립김해박물관.

이형기, 1994, 『比火伽耶에 對한 一 考察』, (嶺南大學校文學碩士學位論文), 嶺南大學校大學院.

尹溫植, 2001, 『3세기대 동해 남부 지역 토기 양식의 형성과 변천』, (慶北大學校碩士學位論文), 大邱, 慶北大學校大學院.

장기명·김혁중, 2015, 「창녕 교동 7호분 출토 금공품 검토」, 『昌寧 校洞 7號墳』, (日帝强占期調査報告18輯), 金海, 國立金海博物館.

장동욱·이양수, 2015, 「창녕 교동 7호분 매장주체부 검토」, 『昌寧 校洞 7號墳』, (日帝强占期調査報告18輯), 金海, 國立金海博物館.

장상갑, 2015, 「창녕 교동과 송현동고분군 형성과정」, 『가야고분군』Ⅲ, (가야고분군 연구총서 4권), 가야고분군 세계유산등재추진단.

정인성, 2018, 「일제강점기의 조선고적조사와 가야유적」, 『가야 일제강점기 자료편』(가야자료총서02), 국립가야문화재연구소.

정인태, 2012, 「창녕지역 고분 조사현황과 성과」, 『백제학보』 7, 백제학회.

_____, 2015, 「창녕지역 고분의 축조기법 검토」, 『계성고분군의 학술적 가치와 활용』, 창녕군·경남발전연구원 역사문화센터.

_____, 2018, 「고분 축조기법으로 본 창녕 교동과 송현동고분군의 성격」, 『문물연구』 34, 동아시아문물연구소.

_____, 2019, 「고분 축조기법으로 보는 영산고분군의 성격」, 『창녕 영산고분군의 조영과 성격』, 창녕군·두류문화연구원.

조성원, 2010, 「고분 출토 고배로 본 5세기대 낙동강하류역의 소지역성 연구」, 『영남고고학』 55, 영남고고학회.

조영제, 2000, 「多羅國의 成立에 대한 硏究」, 『가야각국사의 재구성』, 부산대학교

한국민족문화연구소.

조영현, 2006, 「가야의 묘제에 나타난 전환기적 특징과 양상-출현기 고총의 축조 구조를 중심으로-」, 『가야와 그 전환기의 고분문화』, 국립가야문화재연구소.

_____, 2015, 「계성고분군 대형고총의 구조와 특징」, 『계성고분군의 학술적 가치와 활용』, 창녕군·경남발전연구원 역사문화센터.

조효식·장주탁, 2009, 「창녕지역 삼국시대 성곽의 축조주체와 방어체계 검토」, 『한국 고대사 속의 창녕』, 경북대 영남문화연구원.

_____, 2016, 「가야의 성곽」, 『가야 고고학개론』, 진인진.

주보돈, 2009, 「문헌상으로 본 고대사회 창녕의 향방」, 『한국 고대사 속의 창녕』, 창녕군·경북대영남문화연구원.

_____, 2014, 「가야사 연구의 흐름과 경향」, 『가야문화권 실체 규명을 위한 학술연구』, 고령군·가야문화권 지역발전 시장군수협의회.

_____, 2017, 『가야사 새로 읽기』, 주류성.

정인성, 2018, 「일제강점기의 조선고적 조사와 가야 유적」, 『가야 일제강점기 자료편』Ⅱ, 昌原, 國立加耶文化財硏究所.

鄭澄元·洪潽植, 1995, 「昌寧地域의 古墳文化」, 『韓國文化硏究』7, 부산대학교 한국민족문화연구소.

최순정, 2015, 「창녕 교동 7호분 유물부장양상 복원」, 『昌寧 校洞 7號墳』, (日帝强占期調査報告18輯), 金海, 國立金海博物館.

崔鍾圭, 1983, 「中期古墳의 性格에 대한 약간의 考察」, 『釜大史學』7, 부산대학교 사학회.

하승철, 2012, 「고고자료를 통해 본 창녕 계성고분군의 위상」, 『계성고분군의 역사적 의미와 활용방안』, 경남발전연구원 역사문화센터.

_____, 2013, 「창녕 계성고분군의 성격과 정치체의 변동」, 『야외고고학』, 18, 한국문화재조사협회.

_____, 2014, 「토기와 묘제로 본 고대 창녕의 정치적 동향」, 『영남고고학』70, 영남고고학회.

홍보식, 2006, 「토기로 본 가야고분의 전환기적 양상」, 『가야와 그 전환기의 고분문화』, (제15회 문화재연구학술회의), 국립창원문화재연구소.

_____, 2011, 「고분을 통해 본 고대 창녕지역 정치체의 성격」, 『고대 창녕지역사

연구의 제문제』, 창녕군·부산대학교한국문화연구소.
창녕군지편찬위원회, 2003, 『창녕군지』상, 창녕군.

2) 일문

金宇大, 2017, 『金工品から讀む古代朝鮮と倭』, 京都大學學術出版會.
金跳咏, 2018, 『三國古墳時代の金工品をめぐる日韓交渉に關する考古學的硏究』, (總合大學院大學博士學位論文), 千葉, 總合大學院大學.
武田幸男, 1994, 「伽耶-新羅の桂城大干-昌寧桂城出土土器の銘文について-」, 『朝鮮文化硏究』1, 東京大學朝鮮文化硏究室.
朴天秀, 2007, 『加耶と倭』, 講談社.
白井克也, 2000, 「日本出土の朝鮮産土器·陶器-新石器時代から統一新羅時代まで-」, 『日本出土の舶載陶磁-朝鮮·渤海·ベトナム·タイ·イスラム-』, 東京國立博物館.
小泉顯夫, 1932, 「古墳發掘漫談」, 『朝鮮』第205號.
井上主稅, 2008, 「창녕 계성리유적 출토土師器系 토기」, 『昌寧 桂城里遺蹟』, 우리문화재연구원.
穴澤咊光·馬目順一, 1975, 「昌寧校洞古墳群-梅原考古資料を中心とした谷井濟一氏發掘資料の研究-」, 『考古學雜誌』60-4, 日本考古學會.
田中俊明, 2001, 「新羅の加耶進出と比斯伐」, 『가야시기 창녕지방의 역사, 고고학적 성격』, 창원문화재연구소.
定森秀夫, 1981, 「韓國慶尙南道昌寧地域陶質土器の檢討」, 『古代文化』, 33-4, 古代學協會.
＿＿＿＿, 1993, 「日本出土の陶質土器-新羅系陶質土器を中心に-」, 『MUSEUM』 No. 503, 東京國立博物館.
藤井和夫, 1981, 「昌寧地方古墳出土陶質土器の編年について」, 『神奈川考古』12, 神奈川考古學會.
千賀久, 1994, 「日本初期馬具の系譜」, 『彊原考古學論集』, 12, 彊原考古學研究所.
土屋隆史, 2018, 『古墳時代の日朝交流と金工品』, 東京, 雄山閣.

非火加耶

후기

　이 책에서는 고대 창녕지역에 있었던 비화가야사를 밝히고자 하였다. 비화가야사는 아직도 규명이 어려운 분야이다. 사료가 너무나 부족하여 문헌사학에서는 접근이 어렵다. 그래서 필자는 고고자료로 비화가야사의 해명이 가능하다고 생각한다.

　필자가 창녕지역과 처음 접한 것은 대학 2학년 여름방학으로 토기 실측을 배울 때였다. 그때 고 이상길선배와 친분이 있었던 안재호, 고 송계현선생이 당시 경북대 고고학자료실에 있던 각지에서 채집된 토기 가운데 청도 이서지역 덕양동 출토 토기를 실측하는 장면을 목격하였다. 이 토기들은 지금도 경북대학교 고고학연구실에 있으며 창녕형 손잡이가 달린 뚜껑이었다. 신기에 가까운 두 분의 실측 광경을 보면서 감탄했던 기억이 아직도 생생하다.

　필자는 1990년 창녕지역에 대한 석사논문을 작성하였으며 그 인연으로 오늘날 이 책을 쓰게 되었다. 그런데 사실은 필자가 석사논문 주제로 바로 창녕지역을 선택한 것은 아니었다. 대학원에 들어간 1987년, 처음에는 연구실에 소장된 대구시 현풍면 양리고분군 출토품에 관심이 있었다. 그래서 현풍지역을 답사하는 가운데 각 학교에 향토실이 있고 그곳에 삼국시대 토기가 소장되어 있다는 사실을 알게 되었다. 그래서 먼저 현풍지역의 토기를 후배들과 실측하였다. 자연히 현풍과 인접한 창녕지역에도 발을 뻗게 되었다. 창녕에도 향토실이 있었으며 많은 토기가 소장되어 있었다. 그래서 내친김에 창녕지역의 토기도 실측하게 되었다. 그러던 중에 사다모리 히데오定森秀夫선생의 창녕지역 토기에 관한 논문을 읽게 되었다. 그때서야 창녕형 토기가 존재함을 알게 되었다. 요즘은 대학원생이 되어도 일본어 논문을 읽지 못하는 사람이 있다. 그러나 그때는 학부 2학년 때부터 일본어 논문을 읽었다. 우리말 논문 자체가 별로 없었기 때문이다.

　1988년 당시 가야전문 박물관이었던 국립진주박물관에 일제강점기 발굴된 창녕 교동고분군 발굴자료가 있다는 것을 알게되었다. 그곳에는 고등학교 선배인 임학종 전 김해박물관장이 재직하고 있어 교동고분군 출토 토기를 실측할 기회를 얻을 수 있었다. 박물관장실에서 고 한영희관장님을 뵙고 곧바로 이틀 동안의 토기 실측에 들어갔다. 교동11호분, 116호분 출토 토기였다. 일제강점기에 조사된 후 국립중앙박물관 수장고에 있다가 진주박물관 개관에 즈음하여 이곳에 오게 된 것이다. 그런데 토기에는 일제강점기 일본인에 의한 묵서가 선명하게 남아있었으나 실측한 흔적이 전혀 보이지 않았다. 발굴이래 처음으로 필자가 실측하게 된 것으로 그 감동은 아직도 잊을 수 없다.

　이후 국립경주박물관, 부산대학교박물관 등의 창녕양식 토기를 관찰하며 실측할 수 있었다. 그 가운데 영남대학교박물관에서 창녕 계남리1, 4호분 보고서를 간행중이라는 이야기를 듣고 토기를 보러갔었다. 1호분 출토 기대 도면이 정말 필요하여 1학년때인 1983년 고령 본관동고분군 발굴현장에서 알게 되어 친분이 있는 장정남선배에게 부탁하여 실측도를 받았다. 보고서가 나오기 전에는 쓰지 않겠노라고 약속을 했었으나, 무단으로 논문에 게재하여 선배의 입장을 난처하게 만들기도 하였다.

　조사가 진행됨에 따라 산지를 넘어 청도군 이서지역에도 창녕양식 토기가 분포하고 있으며 무려 1세기 동안 같은 양식의 토기가 제작된 것을 알게 되었다. 나아가 창녕양식 토기가 50년 이상 낙동강하류역에 집중 이입된 것을 확인하였다.

　그래서 5세기 전반 창녕지역 양식토기를 신라토기로 볼 수 없으며, 또 이 지역에서 제작된 토기가 각지에 이입되기 때문에 창녕지역이 신라에 복속된 것으로 볼 수 없다는 생각을 정리하여 석사학위논문으로 제출하였다.

　그 후 대가야사, 한일관계사, 실크로드 동서교섭사를 연구하면서 창녕지역에 대한 관심은 멀어져갔다.

다시 이 지역에 관심을 가진 것은 2018년 중국에서 연구년을 마치고 귀국한 직후였다. 가야사를 종합하는 가야문명사를 집필하는 가운데 창녕지역도 다루게 된 것이다.

그러나 가야사를 종합하는 것이 목적이었기에 창녕지역에 대한 본격적인 연구를 하지 못했다.

본격적으로 이 지역을 연구하게 된 것은 2019년 6월 영산에서 개최된 학회에서 비화가야에 대한 발표를 준비하면서이다. 이 발표를 계기로 비화가야사를 다시 논하게 되었다. 아울러 비화가야사를 시작으로 가야각국사를 집필하겠다는 결심을 하였다.

이 책을 쓰면서 문득 30년전 1989년 여름에도 창녕지역에 대한 연구를 하고 있었다는 생각이 들어 감회에 젖는다. 당시 필자는 대학원을 수료하고 고향인 안동의 임하댐 수몰지구발굴현장에서 낮에는 발굴하고 밤에는 석사학위논문을 쓰고 있었다.

당시 필자는 그 해 봄 두 번째 국비유학시험에 떨어진 후 실의에 차 있었다. 그 여름은 필자의 인생에 있어 매우 어려운 시기였다. 이후의 세월은 필자에게는 너무나 힘들었던 그때를 잊게 하였다. 올해 여름 당시를 생각하며 초심으로 돌아가 학문에 매진하고자 한다.

이 책을 쓰는 가운데 많은 분들의 도움을 받았다. 이 책의 토대가 되었던 석사논문 작성 시절 자료조사에 도움을 주신 이강승, 박방룡, 임학종, 장정남, 송의정, 김유식, 이상률선생님께 깊이 감사드린다.

도판과 원고 작성시 길림대학 박사과정에 유학중인 장주탁선생, 고고인류학과 대학원 김미나, 이한별, 학부의 김동균, 김현지씨, 교정에는 고고인류학과 박사과정의 임영재선생으로부터 많은 도움을 받았다. 그 외분들에게도 도움을 받았으며 이에 감사드린다.

2019년 8월 1일 복현동산에서 박천수

非火加耶

도판 목록과 출처

표지
교동고분군 전경(우리문화재연구원 2014)
앞면 동리고분군토기(박천수 촬영) | 계성Ⅱ지구1호분이식(복천박물관 2018)
뒷면 계성A지구1호분(국립중앙박물관) | 압형토기(도쿄국립박물관)

도 Ⅰ-1   가야의 유적으로 본 지역 구분(박천수·장주탁 작성)
도 Ⅰ-2   창녕 교동고분군(우리문화재연구원)
도 Ⅰ-3   교동고분군(박천수 촬영)

도 Ⅱ-1   창녕지역 고분편년(박천수·김미나 작성)
도 Ⅱ-2   창녕 동리고분군 출토 토기의 편년((박천수 2018)
표 Ⅱ-1   가야고분 편년표(박천수 작성)

도 Ⅲ-1   창녕 화왕산과 교동고분군(국립중앙박물관)
도 Ⅲ-2   일제강점기 창녕읍(국립중앙박물관)
도 Ⅲ-3   창녕지역 문헌 사료(좌: 일본서기(박천수소장본) | 하: 삼국유사(박천수소장본))
도 Ⅲ-4   창녕지역의 지형과 고분군 분포(장상갑 2015)

도 Ⅳ-1   동리고분군(한겨례문화재연구원 2014)
도 Ⅳ-2-1 동리고분군 출토토기(한겨례문화재연구원 2014)
도 Ⅳ-2-2 동리고분군 출토유물(한겨례문화재연구원 2014)
도 Ⅳ-3-1 창녕 영산1호분(국립가야문화재연구소 2014)
도 Ⅳ-3-2 창녕 영산1호분 출토 유물(국립가야문화재연구소 2014)
도 Ⅳ-4   창녕 계남리고분군(경남발전연구원 역사문화센터 2017)

도 Ⅳ-5 　계남리고분군(영남대학교박물관 1991)

도 Ⅳ-6-1 　계남리1호분(영남대학교박물관 1991)

도 Ⅳ-6-2 　계남리1호분 출토유물(국립김해박물관 2014)

도 Ⅳ-7-1 　계남리4호분(1, 2: 영남대학교박물관 1991 ｜ 3, 4: 국립김해박물관)

도 Ⅳ-7-2 　계남리1호분 출토유물(국립김해박물관 2014)

도 Ⅳ-8-1 　계남리북5호분(조영현 2006)

도 Ⅳ-8-2 　계남리북5호분 출토유물(국립김해박물관)

도 Ⅳ-9-1 　계남리2호분(경남발전연구원 역사문화센터 2017)

도 Ⅳ-9-2 　계남리2호분 출토유물(경남발전연구원 역사문화센터 2017)

도 Ⅳ-9-3 　계남리2호분 출토유물(경남발전연구원 역사문화센터 2017)

도 Ⅳ-10-1 　계남리3호분(경남발전연구원 역사문화센터 2017)

도 Ⅳ-10-2 　계남리3호분(경남발전연구원 역사문화센터 2017)

도 Ⅳ-11-1 　계남리3호분 출토유물(경남발전연구원 역사문화센터 2017)

도 Ⅳ-11-2 　계남리3호분 출토유물(경남발전연구원 역사문화센터 2017)

도 Ⅳ-12 　계성A지구1호분 출토유물(국립중앙박물관)

도 Ⅳ-13 　계성Ⅱ지구1호분과 출토유물(신용민 2000)

도 Ⅳ-14 　계성Ⅲ지구1호분과 출토유물(유구: 경남고고학연구소 2001 ｜ 환두대도: 김도영 촬영)

도 Ⅳ-15 　창녕 계성리유적(우리문화재연구원 2008)

도 Ⅳ-16 　계성리유적 출토유물(유병록외 2013)

도 Ⅳ-17 　일제강점기 교동고분군(국립중앙박물관)

도 Ⅳ-18 　교동 송현동고분군 분포도(우리문화재연구원 2014)

도 Ⅳ-19 　일제강점기 교동Ⅰ군7호분과 주변(국립중앙박물관)

도 Ⅳ-20 　일제강점기 교동Ⅰ군7호분 발굴전경(국립중앙박물관)

도 Ⅳ-21 　교동Ⅰ군7호분(우리문화재연구원 2014)

도 Ⅳ-22 　교동Ⅰ군7호분(우리문화재연구원 2014)

도 Ⅳ-23 　교동Ⅰ군7호분 석실(우리문화재연구원 2014)

도 Ⅳ-24 　일제강점기 Ⅰ군10호분 발굴전경(국립중앙박물관)

도 Ⅳ-25 　일제강점기 Ⅰ군11호분 발굴전경(국립중앙박물관)

도 Ⅳ-26 　일제강점기 Ⅰ군12호분 발굴전경(국립중앙박물관)

도 Ⅳ-27 　교동Ⅱ군3호분(동아대학교박물관)

도 Ⅳ-28   교동Ⅱ군3호분(동아대학교박물관)

도 Ⅳ-29   일제강점기 Ⅱ군15호분 발굴전경(국립중앙박물관)

도 Ⅳ-30   일제강점기 Ⅱ군117호분 발굴전경(국립중앙박물관)

도 Ⅳ-31   일제강점기 Ⅱ군10호분(국립중앙박물관)

도 Ⅳ-32   일제강점기 Ⅱ군10호분 실측도(국립중앙박물관 원도를 장주탁 수정)

도 Ⅳ-33   일제강점기 Ⅱ군10호분 출토 유물(국립중앙박물관)

도 Ⅳ-34-1 일제강점기 Ⅱ군10호분 출토 유물(국립중앙박물관)

도 Ⅳ-34-2 일제강점기 Ⅱ군10호분 출토 유물(국립중앙박물관)

도 Ⅳ-35   교동Ⅱ군10호분 전경(박천수 촬영)

도 Ⅳ-36-1 교동Ⅱ군9호분(국립가야문화재연구소 2015)

도 Ⅳ-36-2 교동Ⅱ군9호분과 출토 유물(국립가야문화재연구소 2015)

도 Ⅳ-37   교동Ⅱ군주차장부지유적내유적과 출토 유물(국립가야문화재연구소 2013)

도 Ⅳ-38   일제강점기 교동Ⅱ군14호분 출토 유물(국립중앙박물관)

도 Ⅳ-39   일제강점기 송현동고분군(국립중앙박물관)

도 Ⅳ-40   송현동6, 7호분(국립가야문화재연구소 2011)

도 Ⅳ-41   송현동6호분(국립가야문화재연구소 2011)

도 Ⅳ-42   송현동7호분(국립가야문화재연구소 2011)

도 Ⅳ-43   송현동7호분(국립가야문화재연구소 2011)

도 Ⅳ-44   송현동고분군과 15, 16호분(국립가야문화재연구소 2014)

도 Ⅳ-45   송현동15호분(국립가야문화재연구소 2014)

도 Ⅳ-46   송현동고분군(박천수 촬영)

도 Ⅳ-47   송현동8호분과 출토 유물(경남발전연구원 역사문화센터 2017)

도 Ⅴ-1   5세기 전엽 비화가야양식(창녕 동리고분군 출토품,한겨레문화재연구원 2014)

도 Ⅴ-2   5세기 중엽 비화가야양식(1, 2, 3, 6: 박천수 촬영 ｜ 4, 5: 한겨레문화재연구원 2014. 7: 국립김해박물관)

도 Ⅴ-3   창녕지역 출토 관과 관모(교동Ⅰ군11호분: 국립중앙박물관, 국립김해박물관 2014)

도 Ⅴ-4   창녕지역 출토 관과 관모(국립문화재연구소 2005)

도 Ⅴ-5   창녕지역 출토 수식부이식(1, 2: 국립김해박물관 2014 ｜ 3: 국립가야문화재연구소 2001 ｜ 4: 국립중앙박물관 ｜ 5: 복천박물관 2018)

도 Ⅴ-6　창녕지역 출토 장식구슬(국립김해박물관 2014)
도 Ⅴ-7　창녕지역 출토 완식과 지류(국립김해박물관)
도 Ⅴ-8　창녕지역 출토 대장식구(1: 국립김해박물관 2014 ㅣ 2: 국립가야문화재연구소 2013)
도 Ⅴ-9　창녕지역 출토 대장식구(국립김해박물관 2014)
도 Ⅴ-10　창녕지역 출토 식리(1: 국립문화재연구소 2005 ㅣ 2: 국립김해박물관 2014)
도 Ⅴ-11　창녕지역 출토 장식대도(1: 국립중앙박물관 ㅣ 2: 김도영 촬영 ㅣ 3: 도쿄국립박물관 ㅣ 4: 국립가야문화재연구소)
도 Ⅴ-12　창녕 교동Ⅰ군11호분과 전 창녕지역 출토 명문대도(상: 국립김해박물관 2014 ㅣ 하: 도쿄국립박물관)
도 Ⅴ-13　창녕지역 출토 철모(국립김해박물관 2014)
도 Ⅴ-14　창녕지역 출토 화살촉(국립김해박물관 2014)
도 Ⅴ-15　창녕지역 출토 갑주(1, 2, 4: 국립문화재연구소 2005 ㅣ 3: 국립김해박물관 2014)
도 Ⅴ-16　창녕지역 출토 마구(1: 국립가야문화재연구소 2011 ㅣ 2: 국립김해박물관 2014)
도 Ⅴ-17　창녕지역 출토 마구(1, 3: 국립김해박물관 ㅣ 2, 4: 국립가야문화재연구소 2011)
도 Ⅴ-18　창녕지역 출토 청동용기(국립김해박물관 2014)
도 Ⅴ-19　창녕지역 출토 철정(1: 국립김해박물관 2014 ㅣ 2: 경남발전연구원 역사문화센터 2017 ㅣ 3: 국립중앙박물관)
도 Ⅴ-20　창녕지역 출토 농공구(1-13: 경남발전연구원 역사문화센터 2017 ㅣ 14-19: 국립김해박물관 2014)

도 Ⅵ-1　다라국 고분편년과 이입 비화가야양식 토기(박천수, 김미나 작성)
도 Ⅵ-2　청도 봉기리, 성곡리고분군 출토 창녕양식 토기의 편년 (박천수 2011)
도 Ⅵ-3　창녕양식 토기와 철정의 분포(5세기 전반, 박천수·김미나 작성)
도 Ⅵ-4　부산 미음동고분군 토기의 양식 변화(박천수·김현지 작성)
도 Ⅵ-5　5세기 금관가야양식(김해시 대성동73호분 출토품)(박천수 2018)
도 Ⅵ-6　일본열도 출토 비화가야양식 토기(박천수 2018)
도 Ⅵ-7　창원 현동고분군 토기의 양식 변화(동서문물연구원 발굴구간)(박천수·이한별

　　　　작성)
도 Ⅵ-8　창원 현동(동)103호목곽묘 출토 철정, 철기와 창녕양식 토기(박천수 2018)
도 Ⅵ-9　5세기 전엽 소가야의 창녕양식 토기(통영 남평리10호분)(박천수 2018)
도 Ⅵ-10　창원시 동전동고분군과 출토 유물(동서문물연구원 2013)
도 Ⅵ-11　창녕 송현동7호분 녹나무제 주형舟形 목관(국립가야문화재연구소 2011)
도 Ⅵ-12　창녕 교동, 송현동고분군 출토 신라 가야문물(국립김해박물관 2014)